Ralph
Skuban

DAS THOMAS EVANGELIUM

Auf der Suche nach dem Himmelreich

Aquamarin Verlag

ISBN 978-3-89427-675-1

Deutsche Originalausgabe

Voglherd 1 • D-85567 Grafing
www.aquamarin-verlag.de

Umschlaggestaltung: Annette Wagner

Druck: CPI – Ebner & Spiegel, Ulm

INHALT

Von der Liebe lässt es sich fassen und halten.
Vom Intellekt jedoch nicht.

– Anonymus, England, 14. Jh.[1] *–*

VORWORT

Yeshua, der Weisheitslehrer, unterrichtet seine Schüler

Alles Verborgene wird offenbar. Es war im Dezember 1945, so erzählt die Legende, als ein Bauer mit Namen Muhammad Ali vom Samman-Klan und ein paar andere Männer ihre Kamele zum Jabal al-Tarif ritten, einem großen Felshang am oberen Nil, ganz in der Nähe der ägyptischen Stadt Nag Hammadi. Sie suchten nach Sabakh, einem natürlichen Dünger. Doch was sie fanden, war ein großer, versiegelter Tonkrug. Muhammad Ali zögerte, den Krug zu öffnen. Er fürchtete, ein Geist könnte darin wohnen und ihm, einmal freigelassen, nachstellen. Doch das Goldfieber war größer als seine Furcht, kannte er doch die Geschichten von verborgenen Schätzen, die es in dieser Gegend geben sollte. Mit seiner Hacke zerschlug er den Krug und, so berichtet er, eine goldene Substanz strömte daraus, um sich in Luft aufzulösen. Es waren wohl eher, so dürfen wir annehmen, die Papyrus-Fragmente im Inneren des Kruges, die goldfarben im Sonnenlicht schimmerten. Muhammad wusste nicht, dass er gerade dreizehn alte Textsammlungen (so genannte *Papyrus-Kodizes)* aus ihrem Dasein im Verborgenen befreit hatte, insgesamt mehr als fünfzig Bücher, darunter auch jene Schrift, die als *Thomas-Evangelium* weltweite Aufmerksamkeit erlangen würde.

Jesus, dessen echter, aramäischer Name eigentlich *Yeshua* war (bis er auf dem Konzil in Nicäa im Jahre 325 auf Geheiß des römischen Kaisers Konstantin zum Gott erklärt und sein Name latinisiert wurde), begegnet uns im Thomas-Evangelium als ein Weisheitslehrer, der mit jedem Wort, das er sagt, auf die innere Wirklichkeit des Menschen hindeutet, ganz so, wie wir es auch von den anderen großen Weisheitsschriften der Welt kennen, zum Beispiel dem *Tao Te King,* der *Bhagavad Gita* oder den *Upanishaden.*

Der Text des Thomas-Evangeliums ist als Dialog gefasst. Yeshua, der spirituelle Lehrer, unterrichtet seine Schüler in 114 Lehrsprüchen. Nichts lesen wir da von seiner Verhaftung, Geißelung, Kreuzigung, seinem Tod und der Wiederauferstehung. Und die Menschen werden uns nicht als Sünder gezeigt, für die Yeshua sterben musste, wie es die so genannten *kanonischen Evangelien* lehren, die uns im Neuen Testament überliefert wurden. Wie die Namensänderung von Yeshua zu Jesus, ging auch diese, unser Schuldgefühl nährende Idee auf den Konzilsbeschluss von Nicäa zurück, in welchem man zugleich alle anderen Evangelien, von denen es unzählige gab, verdammte und ihre Lektüre unter Todesstrafe stellte.

Von Apokalypse und Höllenfeuer spricht Yeshua im Thomas-Evangelium nicht. Vielmehr zeichnet er dort den Menschen als ein Wesen, das seine Verbindung zum inneren Licht verloren hat, eine Verbindung, die wiederhergestellt werden kann, wenn er *umkehrt,* was sagen will: Wenn er sich auf den *Weg nach Innen* macht.

Yeshuas Lehre ist eine psychologisch-spirituelle Anleitung zu einem guten Leben, dem es ultimativ um die spirituelle Erfüllung geht. Hier und jetzt, in diesem Leben noch, drängt Yeshua, sollen wir die Begegnung mit Gott – die Erleuchtung – suchen:

> *„Sucht den Lebendigen, solange ihr lebt, sonst könntet ihr sterben und dann versuchen, den Lebendigen zu finden, und ihr werdet nicht fähig sein, zu erkennen." (Logion 59)*

Das ist kein tröstendes Versprechen auf ein Paradies nach unserem physischen Tod, dafür umso mehr Motivation, uns selbst auf die spirituelle Suche zu begeben. Nicht an einem anderen Ort und auch zu keiner anderen Zeit als hier und jetzt können wir entdecken, wer oder was wir in Ewigkeit und Wahrheit sind:

> *„Vielmehr ist das Königreich in euch, und es ist außerhalb von euch. Wenn ihr euch selbst erkennt, werdet ihr erkannt, und ihr werdet verstehen, dass ihr die Kinder des lebendigen Vaters seid." (Logion 3)*

Um zu erkennen, dass wir eins sind mit dem Höchsten – Gott, Vater, Mutter, Brahman, Tao oder wie wir es auch nennen mögen – müssen wir uns auf die Suche begeben. Yeshua rät uns, dabei durchzuhalten: „Sucht und hört nicht auf zu suchen, bis ihr findet."

Den großen Schatz, den wir heben können – die Einheit mit dem Höchsten – nennt Yeshua auch den *großen Fisch.* Mögen wir alle ihn machen, den größten Fang unseres Lebens!

ÜBER DIESES BUCH

Dieses Buch enthält alle 114 Lehrsprüche *(Logia)* des Thomas-Evangeliums. Die Kommentierungen verstehen sich nicht als akademisch–theologische Abhandlungen, die sich ins Lehrgebäude irgendeiner Kirche einfügen ließen. Ich will die Weisheit Yeshuas in diesem Buch vielmehr ins Licht der spirituellen Philosophie und Mystik stellen. Das Denken des Ostens bildet dabei einen Schwerpunkt, aus gutem Grund: Die gleichen Ideen, die Yeshua bewegen, finden wir auch in den *Upanishaden,* in der *Bhagavad Gita,* in Patanjalis *Yogasutra* oder dem *Tao Te King.* Wir finden sie in den alten Schriften des Zen und bei den großen Mystikern, seien sie nun aus dem Morgenland oder aus der christlichen Mystik des Westens.

Es kann auch gar nicht anders sein. Wenn Yeshua, der Mystiker aus dem Mittleren Osten, tatsächlich auf die Wahrheit verweist, so wie das auch die Weisen aus dem fernen Osten zu tun versuchen, dann muss es dieselbe Wahrheit sein. Zwei Wahrheiten in gleicher Angelegenheit kann es schlecht geben.

Die Lehrsprüche wurden aufgeschrieben von Judas Didymus Thomas*, einem der zwölf Jünger Yeshuas. Man nennt ihn auch den „ungläubigen Thomas“, weil er nicht glauben konnte, dass Yeshua den Aposteln nach seinem Tode erschienen war. Thomas war nicht dabei, als das geschah. Als seine Brüder ihm von dem Ereignis berichteten, soll er gesagt haben:

> *„Bis ich nicht die Male der Nägel an seinen Händen sehe und ich meinen Finger nicht in die Male der Nägel und meine Hand nicht in seine Seite lege, werde ich nicht glauben.“ (Joh 20,25)*

* *Didymus* heißt „der Zwilling“; und *Thomas* kommt vom aramäischen *ta'am,* was ebenfalls „der Zwilling“ heißt.

Als der Meister sich dann nochmals zeigte, durfte der zweifelnde Thomas die Wundmale Yeshuas berühren und ließ sich überzeugen. Thomas wollte nicht *glauben,* sondern *wissen.* Und es ist eben diese Eigenschaft – gesunde Skepsis in Verbindung mit der Offenheit auch gegenüber dem Unglaublichen –, die Thomas geradezu prädestiniert, Botschaften aufzuschreiben, wie wir sie im Thomas-Evangelium finden. Denn eben darum geht es immer wieder, wie wir sehen werden – um Wissen, nicht um Glauben.

Das Thomas-Evangelium gehört ohne jeden Zweifel in den Reigen jener Schriften, die uns zur Selbst-Erkenntnis führen wollen, zu *Jnana,* wie man im Sanskrit sagt, ein Wort, das im Griechischen zu *Gnosis* wurde, das ebenfalls Selbst-Erkenntnis, Selbstverwirklichung oder Erleuchtung bedeutet. *Gnostiker* nannte die Kirche jene Menschen mit verächtlichem Unterton, die mutig ihr inneres Licht suchten, anstatt den zwangsbewehrten Regeln der offiziellen Kirche zu folgen. Viele von ihnen bezahlten teuer für ihre mutige Haltung. Yeshua selbst ist das beste Beispiel dafür.

Diese dunklen Tage sind zum Glück vorüber. So können wir uns in innerer und äußerer Freiheit den Worten Yeshuas und aller anderen Weisen der Welt zuwenden und für uns selbst erforschen, ob sie zu uns sprechen, vielleicht einen Stein ins Rollen bringen, uns motivieren oder mit Hoffnung erfüllen. Wenn sie auf reifen Boden fallen, vermögen Yeshuas *114 Weisheitsworte* sogar, uns in direkte Verbindung mit *Sophia,* der Weisheit in uns, zu bringen. Der Meister verspricht:

„Ich werde euch geben, was kein Auge gesehen hat, was kein Ohr gehört hat, was keine Hand berührt hat, und was nicht im Herzen des Menschen gewachsen ist." (Logion 17)

DAS THOMAS EVANGELIUM

Dies sind die geheimen Worte,
die der lebendige Yeshua sprach.
Didymus Judas Thomas schrieb sie auf.

1

Und er sagte:
Wer versteht, was diese Worte bedeuten,
wird den Tod nicht schmecken.

Yeshua hält sich nicht mit Vorreden auf. Schon im ersten Satz kommt er auf das höchste Ziel zu sprechen: Die Unsterblichkeit. Sie ist möglich, lehrt er, wenn wir verstehen, was er sagt. Er meint ein Verstehen, das über die Worte hinausgeht, denn mit der Wörtlichkeit kommen wir nicht weit, wenn wir uns seiner Botschaft nähern wollen. Wir sollen *auslegen,* um zu erkennen, *deuten,* um zu begreifen. Die Wahrheit liegt nicht in den Worten, sondern in der Schwingung, die sie erzeugen. Und natürlich darin, dass wir auch zu leben versuchen, was wir verstanden haben.

Der Meister fordert seine Schüler auf, mit seiner Botschaft zu *arbeiten.* Nur so lässt sich ein Gespür dafür entwickeln, was er sagen will. *Midrasch* nennt man das in der Tradition der jüdischen Mystik. Da sind Worte keine Heiligtümer, die man nicht anrühren darf, im Gegenteil, sie verlangen geradezu danach, schöpferisch mit ihnen umzugehen, sie anders und immer wieder neu zu wenden und nach Wegen zu suchen, die uns in eine lebendige Verbindung mit der inneren Wirklichkeit bringen, auf welche sie hindeuten. Die Auslegung – oder *Hermeneia,* wie es im altgriechischen Original des Thomas-Evangeliums heißt – ist spirituelle Praxis. Bleiben wir an der Oberfläche der Worte, verirren wir uns im Wald der Rätselhaftigkeit. Keine Erkenntnis wartet dort. Und – das ist wichtig – wir gewinnen auch nicht viel, wenn wir nichts *tun,* denn der Weg der Erkenntnis ist einer, den man *gehen* muss.

Was unsagbar ist und ohne Grenzen, ungeboren und unsterblich, darauf will jedes einzelne Wort Yeshuas verweisen. Auf „Gottes Funke“, der in uns leuchtet, oder *Sophia,* die lebendige Weisheit in unseren Herzen. Sich mit ihr zu verbinden, ist *Gnosis,* die Erkenntnis unserer selbst – oder *Yoga,* die Verbindung mit unserer spirituellen Essenz. In den *Upanishaden,* Indiens mystischen Schriften, lesen wir über die Unsterblichkeit:

> *„Das Selbst kann man nicht mit den physischen Augen sehen. Doch es kann in den Tiefen eines reinen Herzens erkannt werden. Wer es erkennt, wird unsterblich.“*[2]

2

Yeshua sagte:
Sucht und hört nicht auf zu suchen, bis ihr findet. Wenn ihr findet, werdet ihr verwirrt sein. Wenn ihr verwirrt seid, werdet ihr euch wundern und herrschen über das All.

Yeshua kann uns nicht einfach zu unserem inneren Licht führen. Keiner kann das, kein Guru und kein Heiliger vermochte das jemals. Wäre es anders, müsste niemand mehr suchen, denn die Menschen wären schon alle längst erleuchtet. Die einfache Wahrheit ist, dass niemand für uns atmen, fühlen, sehen, essen oder gehen kann. Keiner vermag unser Leben für uns zu leben. Selbsterkenntnis wird nicht einfach gegeben. „Wer steigt für uns in den Himmel hinauf“, fragt Mose zurecht, „und holt es uns und verkündet es uns, damit wir danach handeln können?“ (Dtn 30,12). Natürlich niemand, außer wir selbst.

Alles hat seinen Preis, das gilt auch für die Erkenntnis. Wir müssen sie wollen und uns darauf ausrichten, danach streben in jedem Moment, also unseren Willen mobilisieren und einen Entschluss fassen. Das Suchen ist ein Lebensweg, und manchmal kann er steinig sein. Der WEG hält seine Schwierigkeiten bereit. Die Yogis sagen *Tapas* dazu, die Hitze, und meinen schlicht die Bemühung. Wer die Perle will, muss in die Tiefe, muss sich anstrengen und nach ihr tauchen. Wenn wir auf dem Weg bleiben, nicht nachlassen und die Suche nicht aufgeben, sagt Yeshua, dann werden wir unser inneres Licht finden.

Yama, Herr über Leben und Tod im indischen Pantheon, belehrt den mutigen Jungen Nachiketa über den Weg des Mystikers, den Sucher, der nach innen schaut: „Der stille Mensch, der die Unsterblichkeit will", erklärt er ihm, „erblickt das innere Selbst mit geschlossenen Augen."[3] Nicht erst im Paradies wohlgemerkt, in einem Leben nach dem Leben, nicht später und auch nicht anderswo, sondern hier und heute, noch in diesem Leben, können wir die Perle finden, sagt der Gott des Todes. Befreite Wesen können wir sein in unseren Körpern. *Jivanmuktis* nennt man sie im Yoga.

Die Erfahrung dieses Seins, wenn das Gewahrsein in sich selber ruht, jenes Eingehen in die Stille, wo wir zu Zeugen unserer selbst werden und die ursprüngliche Formlosigkeit reinen Christus-Bewusstseins erfahren, aus der alles kommt, was ist, und in die hinein sich alles wieder auflösen und zurückfließen wird, dieser Ozean der Glückseligkeit überwältigt und verwirrt jeden, der ihn erfährt. *Sat-Chit-Ananda,* die Einheit von Sein, Bewusstsein und Glückseligkeit, kann nur in Bildern und Symbolen, in Metaphern und Poesie, und auch damit nur ganz unvollkommen, ausgedrückt werden, denn „jenseits der Sinne liegt das Große Eine", lehrt Meister Laotse – „unsichtbar, unhörbar, unfassbar".[4] Welcher Mensch könnte nicht verwirrt sein angesichts einer vitalen Erkenntnis, die nicht eine des Verstandes ist?

Das Erfassen des Unfassbaren, des Großen Einen – Gott oder der Quelle, der die Vielfalt des Alls entströmt – erhebt uns über die Begrenzungen der Existenz in Raum und Zeit. Freisein. Himmelreich. *Kaivalya*, das Losgelöstsein, sagen die Yogis dazu. Oder auch *Moksha,* die Befreiung.

Wer befreit ist aus den Fängen einer zu eng gewordenen Ich-Welt, wird Herr in jenem Haus, das sein Inneres ist, und bleibt nicht länger der Sklave des Egos. Die Welt im Spiegel seines Geistes wird ihn nicht länger beherrschen. Vielmehr ist er selbst es, der alles beherrschen wird.

3

Yeshua sagte:
Wenn eure Führer euch sagen: „Seht, das Königreich ist im Himmel", dann werden die Vögel vor euch dort sein. Wenn sie euch sagen: „Es ist im Meer", dann werden die Fische vor euch dort sein. Vielmehr ist das Königreich in euch, und es ist außerhalb von euch.

Wenn ihr euch selbst erkennt, werdet ihr erkannt, und ihr werdet verstehen, dass ihr die Kinder des lebendigen Vaters seid. Aber wenn ihr euch nicht selbst erkennt, dann lebt ihr in Armut, und ihr seid die Armut.

Yeshua bringt die Gelehrten gegen sich auf

Yeshua nimmt kein Blatt vor den Mund. Vertraut nicht euren Führern, sagt er, die euch weismachen wollen, das innere Licht sei anderswo als in eurem Herz-Geist. Vertraut vielmehr nur auf euch selbst. Blickt in eure eigene Tiefe. Dort könnt ihr die Stimme eures inneren Lehrers hören. *Malkutha,* das Königreich, wie Yeshua es in seiner Muttersprache, dem Aramäischen, nannte, ist nirgendwo und nirgendwann, nur im Hier und Jetzt, der einzigen Zeit, die existiert. *Ewigkeit* ist ein anderes Wort dafür. Also müssen wir nicht in den Himmel hinaufsteigen. Mose, von dem gerade die Rede war, wusste das natürlich, weshalb er auch sagte: „Nahe ist das Wort in deinem Mund und in deinem Herzen." (Dtn 30,14) Keine Neuigkeit also bringt Yeshua uns, sondern die Ewigkeit.

In ein *Ein Kurs in Wundern,* einem gechannelten Werk aus den 70er Jahren, das Weltruhm erlangen sollte, schrieb die New Yorker Psychologin Helen Schucman (1909–1981) auf, was ihre innere Stimme ihr diktierte, eine Stimme, die sie Jesus zuschrieb (obgleich ihr akademisch ausgebildeter Verstand sich immer wieder dagegen wehrte – doch vor der Wirklichkeit brechen irgendwann auch die letzten Mauern ein). Yeshua sagte zu Helen über die Zeit: „Die Ewigkeit ist **eine** Zeit, und ihre einzige Dimension ist ‚immer'."[5]

Das Himmelreich ist ein *Bewusstseinszustand.* Unser Lebensweg und unsere spirituelle Praxis können uns zu ihm führen. Das ist *Philosophia perennis*, ewige Weisheit, von allen Mystikern immer wieder entdeckt.

Totale innere Freiheit untergräbt den Machtanspruch der Herrschenden, erst recht, wenn Religion und Politik eine unheilsame Verbindung eingehen, was auch heute noch vielerorts der Fall ist. Würdenträger, Priester und Kirchen stellen sich zwischen die Menschen und das Höchste: „Halte dich an uns", lehren sie, „und tue, was wir dir sagen. Beichte uns, was du im Geheimen denkst. Gib uns ‚den Zehnten'! Dann, wenn du gestorben bist, gelangst du in das Himmelreich."

Die Führer nähren ihre Macht, indem sie den Menschen Angst

machen. „Hältst du dich nicht an uns, wirst du Höllenqualen leiden." Viele Heilige mussten nicht auf die Hölle im Jenseits warten, sie erfuhren sie schon auf Erden, in Folterkellern und auf Scheiterhaufen. So errichtete die institutionalisierte Religion Mauern aus Angst als Fundamente ihrer Macht. Im *Matthäus-Evangelium* greift Yeshua die intellektuelle, religiöse und politische „Elite" direkt an:

> *„Wehe euch, ihr Schriftgelehrten und Pharisäer, ihr Heuchler! Ihr verschließt den Menschen das Himmelreich. Ihr selbst nämlich geht nicht hinein, und die hineingehen möchten, die lasst ihr nicht hinein." (Mt 23:13)*

Yeshua wandte sich gegen die institutionalisierte Religion, der Macht und Pfründe wichtiger sind als Wahrheit und Erlösung. Lebte er heute als Mensch unter uns, so würde er es sicher wieder tun.

Wo wir nicht erkennen, dass das Himmelreich ein innerer Zustand ist, nicht aber ein Ort, eine Zeit order irgendetwas, das *vermittelt* werden könnte, da leben wir in *Armut,* getrennt von der Ganzheit des Seins, getrennt vom Leben, von der Liebe und von Gott. Yeshua nannte Gott oder das Höchste ABWUN, ein Wort, das meist mit Vater übersetzt wird. Es ist aber viel weiter in seiner Bedeutung und kann ebenso Mutter heißen oder All-Einheit oder Vater-Mutter-Kosmos – die Fülle eben, aus der das Leben kommt. Ohne eine innere Anbindung daran erfahren wir Mangel, sagt Yeshua.

Yeshuas ABWUN und die Kraft, die uns Leben gibt, sind eins. Deshalb lautet die Maxime des Orakels von Delphi: *Gnothi seauton* – erkenne dich selbst! Wenn ich mich selbst erkenne, dann, so sagt Yeshua in diesem Logion, *werde ich erkannt:* Das Höchste und ich begegnen einander. Gott wohnt in mir. Und er wohnt auch außerhalb von mir. Überall ist er, alles und jedes durchflutend. Niemanden brauche ich, der dem Höchsten erlaubt, in mir zu sein oder ich in Ihm – so wenig, wie ich jemanden brauche, der meinem Herzen erlaubt zu schlagen. Der sanfte Yogi Satchidananda (1914–2002) sagte einmal zu seinen Schülern:

„Ihr alle habt den Lehrer in euch. Immerzu leitet er euch, spricht zu euch. Doch leider nehmt ihr euch nicht die Zeit zuzuhören. Ein anderer spricht zu euch. Wenn ihr ihn zur Ruhe bringt, dann werdet ihr dem inneren Lehrer zuhören können."[6]

Wer Ohren hat, der möge hören.

4

Yeshua sagte:
Der Mensch, alt an Tagen, wird nicht zögern, ein kleines Kind von sieben Tagen nach dem Ort des Lebens zu fragen, und dieser Mensch wird leben. Denn viele der Ersten werden Letzte sein, und sie werden eins sein.

Yeshua spielt gerne mit dem Bild des Kindes. Es vermittelt uns Unberührtheit, Reinheit, Fröhlichkeit und Glückseligkeit. Das Kind ist noch frei davon, die Welt mit dem Verstand zu erklären, sie in Begriffe und Schubladen einzuordnen, in „mag ich" und „mag ich nicht" aufzuteilen oder urteilend mit dem Finger auf die anderen zu zeigen. Das Neugeborene blickt einfach voller Staunen in die Welt. Nur Augen, die ohne Ego schauen, können sehen wie ein Kind. In Momenten totaler Präsenz können wir etwas vom süßen Geschmack dieser Urteilslosigkeit erfahren. Auch der Zen-Meister Kanchi Sosan (6. Jh. n. Chr.) lehrt seine Schüler diese ewige Wahrheit:

„Es ist nicht schwer, den Weg zu durchdringen,
wenn du nur frei bist von Neigung und Abneigung."[7]

In der jüdischen Tradition findet die Beschneidung der Jungen am achten Tag nach der Geburt statt. Damit wird das Kind offiziell in die Gemeinschaft der Gläubigen aufgenommen und Teil der institutionalisierten Religion. Aus der Perspektive Yeshuas steht dieser Tag für die Konditionierung des Geistes, für die Einteilung, Be- und Ver-Urteilung der Welt: Mein Gott, dein Gott, richtig, falsch. Am siebten Tage noch ist der Geist nackt und unschuldig. Dieser Tag symbolisiert die (Noch-)Einheit mit dem Höchsten, die Ganzheit (so wie *Sahasrara,* das siebte Chakra, für die Einheit mit Brahman steht). Der achte Tag aber steht für die Trennung, das Verlassen der ursprünglichen Einheit und den Verlust der Unschuld. Der achte Tag ist Vergessen, das Verpflanzen des Weinstocks, weit ab vom Vater, wo der schmerzhafte Prozess des Verdorrens beginnt. (Logion 40)

Das alles ist doch ziemlich provozierend: Da, wo die Menschen einen rituellen Akt setzen, der die Aufnahme in den Bund Gottes ausdrücken will, sieht Yeshua das Gegenteil, nämlich die Trennung von unserer inneren Wirklichkeit. Dass er sich unter den Priestern und Gelehrten seiner Zeit damit keine Freunde gemacht hat, wird niemanden verwundern. Der alte Mensch, sagt Yeshua, erblickt die Wahrheit in der Idee des siebten Tages. Das Neugeborene kommt aus dem Höchsten, in das hinein man nur gehen kann, wenn der Geist frei und nicht-konditioniert ist, geläutert, sich selbst erkennend. Die spirituelle Praxis – Ethik, Meditation, Kontemplation, Gebet – will uns eben dorthin bringen: „Zu einer spirituellen Neugeburt, einer Rückkehr zum Zustand des Kindes im Sinne von Wahrhaftigkeit des Denkens und Sprechens und einer einfachen Direktheit des Handelns.“[8]

Das Kind von sieben Tagen oder der erleuchtete Geist des Alten: Sie sind der Himmel. Da schließen sich Kreise, und wir kommen wie von selber zum zweiten Teil des Spruches, der sagt, *dass viele der Ersten Letzte sein werden.* Der muslimische Mystiker Rumi (1207–1273) erklärt, was gemeint ist:

„Die frische, vollkommene Frucht tritt erst am Schluss ins Dasein. Und obwohl die Frucht das Letzte ist, das ins Dasein tritt, ist sie in Wahrheit das Erste, denn sie war das Ziel.“[9]

Von Anfang an sind wir um eines höchsten Zweckes willen in der Welt, nämlich um Mensch zu werden in der vollkommenen Bedeutung des Wortes. Das *Dharma* des Menschen – seine Bestimmung und Aufgabe in einem spirituellen Sinne – ist das Zu-sich-selber-Kommen. Heimkehr. Der Anfang ist eins. Das Ende ist eins. Aus dem Einen kommen die Ersten, und in das Eine werden auch die Letzen wieder eingehen, in den wunderbaren und glückseligen *Bewusstseinszustand* des siebten Tages, jenen geheimnisvollen Begegnungspunkt, an dem der Kreis des Lebens sich schließt. Der Ursprung jeder Erfahrung, egal in welchem Bewusstseinszustand wir sie machen (wachend, träumend oder tief und traumlos schlafend), kommt aus der Quelle des reinen Bewusstseins selbst.

5

Yeshua sagte:
Erkennt, was vor euren Augen ist, und was euch verborgen ist, wird aufgedeckt werden. Es gibt nichts Verborgenes, das nicht aufgedeckt werden wird.

Auf unserem Geistfeld finden sich, meist gut versteckt und vergraben, unsere tief liegenden Überzeugungen und eingefahrenen Gewohnheiten. Dort liegen Gedanken, Erinnerungen, Emotionen und seit langem Verdrängtes. Das meiste davon ist unbewusst und vieles schmerzhaft. Wir wollen das nicht gerne anschauen. Doch was ändert das an ihrer Existenz und an der Energie, die ihnen innewohnt?

Alles das wird seine Wirkung enftalten, sagt das universale Gesetz des *Karma.* Gesäte Samen werden reifen und sich manifestieren. Das Verborgene wird offenbar werden. Im Falle verdrängter Emotionen zum Beispiel als körperliches oder psychisches Leiden, vielleicht sogar in destruktiven Handlungen.

„Erkennt, was vor euren Augen ist."

Der spirituelle Weg will nichts verdrängen. Er ist vor allem ein Weg der psychologischen Selbsterforschung, die aktiv das Verborgene in unser Sichtfeld bringen will. Auf jede Facette unseres Wesens soll das reinigende Wasser unserer Bewusstheit geleitet werden. Patanjali (um 200 v. Chr.), der Verfasser des *Yogasutra,* der wichtigsten Schrift des Yoga, nennt die Praxis der Selbsterforschung *Svadhyaya,* was so viel heißt wie „in uns selber hineingehen". Wenn wir das tun, gelangt das verdrängte Material ans Licht, jene Saaten, die wir in die Erde gebracht, und jener Schmerz, den wir in die dunkelsten Ecken unseres Geistes verbannt haben.

Wenn wir einer systematischen Meditationspraxis nachgehen, können wir *Buddhi,* das Licht unserer Bewusstheit, in diese Ecken bringen, den Schmerz anschauen, ihn annehmen und verstehen, um ihn schließlich loszulassen. Yeshua nennt dieses Loslassen auch Vergebung. Im Yoga nennt man es *Vairagya.* Das, was verborgen ist, wird auf heilsame Weise offenbar – und wir können uns so davon befreien. Wir stellen den ursprünglich heilen Zustand wieder her. Genau das bedeutet auch *sebaq,* das aramäische Wort für die Vergebung: Das Lösen, Loslassen oder Befreien, um etwas in seinen heilen, natürlichen Zustand zurückzuführen.

Das Letzte, das offenbar werden wird, ist zugleich das Erste, ganz im Sinne des zuvor besprochenen Logions. Es ist das, was immer schon da war und auf ewig da sein wird: Unser inneres Licht, vergraben unter mentalem Staub und Schutt; verdunkelt von Schuldgefühlen und verdrängtem Schmerz; vergessen und nur darauf wartend, von uns wiederentdeckt zu werden.

Und wie sieht es aus, dies Licht, das Zen-Meister Huang Po (9. Jh.) GEIST nennt? Hören wir ihn selbst:

> *„Dieser GEIST, der keinen Anfang hat, ist ungeboren und unzerstörbar. (...) Er ist das, was du vor dir siehst – wenn du anfängst, darüber nachzudenken, wirst du sogleich dem Irrtum verfallen. Er ist wie die grenzenlose Leere, die nicht erfasst oder ausgemessen werden kann.“*[10]

6

Seine Schüler fragten ihn:
Verlangst du, dass wir fasten? Wie sollen wir beten? Sollen wir Almosen geben? Welche Ernährungsvorschriften sollen wir befolgen?
Yeshua sagte:
Lügt nicht, und tut nicht, was ihr hasst. Alle Dinge werden vor dem Himmel offenbar. Es gibt nichts Verborgenes, das nicht offenbar werden wird, und es gibt nichts Verstecktes, das nicht aufgedeckt werden wird.

Yeshuas Sprüche klingen rätselhaft. Das erinnert uns an die Zen-Lehrer, die mit ihren *Koans* das Rätselhafte als Methode für sich entdeckt haben, um den Verstand über das Denken hinauszuführen: Wenn man ihn an seine Grenzen bringt, dahin, wo er leerläuft und sich aufreibt, in die sokratische Aporie sozusagen, wo auch das Argumentieren und alle Logik in einer Sackgasse enden, da kann Anderes, Tieferes zum Vorschein kommen.

Man bekommt von Yeshua keine einfachen Antworten, kein simples „Tue dies und tue das“ als konkrete Handlungsempfehlung. Würden wir Yeshua zum Beispiel fragen, welchen Beruf wir ausüben sollten, so würde er uns klarmachen, dass er kein Berufsberater ist. Einen sehr grundlegenden Rat aber würde er uns mit auf den Weg geben, und im vorliegenden Spruch tut er genau das: Tue etwas, das deinem Wesen entspricht, etwas, das du liebst. Belüge dich nicht selbst. Sage nichts, was du nicht denkst, und tue nichts anderes, als du sagst. Sei ehrlich bei allem, was du machst – mit dir und den anderen. Mit anderen Worten: *Sei authentisch!*

Ob wir in die Kirche gehen, Gebete sprechen, meditieren oder Statuen und Bilder verehren; ob wir spirituelle Lieder singen, spenden oder was auch immer tun: Solange das nur äußere Akte bleiben, bedeuten sie nicht viel. Der äußere Akt erfährt seine Bedeutung und heilsame Wirkung erst in seiner Übereinstimmung mit unserer inneren Haltung.

Nicht zu tun, was wir hassen, darin liegt noch eine weitere Bedeutungsdimension: *Regula aurea,* die Goldene Regel. So wenig wir uns selbst antun dürfen, was wir hassen, dürfen wir es den anderen antun. Selbstachtung und die Wertschätzung unseres Nächsten sind wie die zwei Seiten einer Medaille. Alle Wesen sind sich an einem fundamentalen Punkt gleich, nämlich im Bedürfnis, Leid zu überwinden und Glück zu erfahren. Irgendwann kommt alles ans Tageslicht. Das ist ganz offenbar.

Die Vertreibung des Egos

7

Yeshua sagte:
Gesegnet ist der Löwe, wenn ein Mensch ihn isst, so dass der Löwe Mensch wird. Verdorben ist der Mensch, wenn ein Löwe ihn isst, so dass der Mensch Löwe wird.

Dem Löwen eilt der schlechte Ruf voraus, träge und gefräßig zu sein. Er lässt die Löwinnen die Jagd erledigen, denn er strengt sich nicht gerne an. Wenn sie die Beute bringen, frisst er als Erster und holt sich die besten Stücke. Er schert sich nicht um den Rest des Rudels, nicht einmal um seine Kleinen. Die anderen müssen teilen, was der faule Fresser übrig lässt.

Der Löwe steht als Sinnbild für die größte Hürde, die der Mensch auf seinem spirituellen Weg nehmen muss, für den Widersacher, den er überwinden („essen“) muss: Sein Ego. Wie der Löwe in diesem Spruch, denkt das Ego immer nur an sich. In uns allen steckt ein Löwe, der am liebsten als Erster zum Zuge kommt, um die besten Stücke, Plätze, Gelegenheiten und Positionen zu ergattern. Wem von uns ist das Hemd nicht näher als die Jacke?

Auch die Trägheit des Löwen, der die anderen die schwere Arbeit verrichten lässt, passt zu unserem Ego: Wenn wir das Beste bekommen, obgleich andere sich dafür anstrengen mussten, dann sind wir Trittbrettfahrer. Oder wir schmücken uns mit fremden Federn. Das gefräßige Ich geht im Zweifel sogar über Leichen: Wer da emporkommen und den Löwen in seiner Stellung bedrohen will, wird totgebissen.

Das Ego ist ein Zwitterwesen. Wir brauchen etwas davon, sonst würden wir als körperliche Wesen nicht überleben können, denn es integriert unsere Erfahrungen und die verschiedenen Ebenen unseres Wesens zu einer (wenn auch nur vorübergehenden und dauernd in Veränderung begriffenen) Ganzheit: Körper, Sinne, Atem, Gedanken, Gefühle und so weiter. Diese Summe von „Ich und Mein“ – letztlich ein mentales Konstrukt – grenzt uns um des schieren Überlebens willen gegen „Nicht-Ich und Nicht-Mein“ ab. Doch die Gefräßigkeit des Egos kennt keine Grenzen, und so geht es über das Notwendige hinaus. Dann wird der Löwe zum Hindernis auf dem Weg ins Innere. Dass er auch fähig ist, die Welt zu zerstören, zeigt der Blick in die so schwer verwundete Schöpfung.

Wäre der Löwe sich doch nur bewusst, dass er Teil eines Ganzen ist, eingebettet in die Gemeinschaft des Lebens, dann könnte seine Trägheit dem Engagement für das Ganze weichen, und seine Kraft würde er nicht länger nur für sich alleine einsetzen. Den Schwachen würde er geben, wessen sie bedürfen, und seine Kinder müssten sich nicht mehr vor ihm fürchten. Doch leider ist der Löwe blind.

Im *Matthäus-Evangelium* sagt Yeshua, dass die Menschen in *Hamartia* leben würden, das ist das altgriechische Wort für *Irrtum,* ein anderes Wort für jene Blindheit, von der alle spirituellen Traditionen sprechen. In Indien nennt man sie *Avidya* oder *Tamas,* das Nichtsehen und die Dunkelheit. Das aramäische Wort, das Yeshua benutzte, heißt *Hataha.* Es bedeutet eigentlich „daneben liegen" oder „den Punkt nicht treffen". Auch die Idee, dass man sich in etwas verstrickt oder verrannt hat, klingt darin an.[11] Weil wir nicht wissen, wer wir sind und wohin wir gehören, fühlen wir uns ausgesetzt in der Welt als einsame, voneinander getrennte Ichs, die immer um ihre Sicherheit fürchten.

Um aus dieser prekären Lage auszubrechen, will das Ego wachsen. Also strebt es nach den fetten Stücken der Beute. Es will immerzu haben (Geld, Status, Einfluss und so weiter) oder eben nicht haben (Misserfolg, Schwäche, Verlust und so weiter). Wovor das Ego sich aber am meisten fürchtet, ist ironischerweise genau das, was todsicher ist – sein Tod. Diese fünf – spirituelle Blindheit, Egozentrik, Habenwollen und Nichthabenwollen sowie die Angst vor dem Tod – sind die Hauptursachen des menschlichen Leidens. Sie vergällen uns die Freude im Leben. Patanjali nannte sie die fünf *Kleshas,* ein Wort, das für die *Verfärbungen* unseres Geistes steht. Sie trüben unseren Blick auf die Wirklichkeit.

Der Teufel, das ist bloß das Ego, diese bemitleidenswerte Illusion, die alle Vernunft und Solidarität zerstören kann. Ein anderes Wort für Teufel ist übrigens *Diabolos,* was wörtlich so viel heißt wie: „Der sich dazwischen wirft" – zwischen uns und unsere innere Wirklichkeit, immer neue Höllen erschaffend.

Um den Löwen zu überwinden, müssen wir uns neu ausrichten, umkehren und ins Innere schauen. *Metanoia* nennt Yeshua diesen Prozess im *Matthäus-Evangelium.* Er leitet die Befreiung vom Irrtum ein. Der Irrtum und die Umkehr, diese beiden universalen Ideen des spirituellen Denkens, wurden uns als „Sünde" und „Buße" überliefert. Yeshua wollte unsere Befreiung. Pharisäer und Schriftgelehrte aber wollten unsere Knechtschaft. Ihr Irrtum ist der größte, sie liegen vollkommen daneben. So sind sie die eigentlichen Sünder.

Das Logion vom Löwen spricht noch auf einer weiteren Ebene zu uns. Sie hat zu tun mit der *Integration* unseres Wesens. Der Löwe ist aus dieser Perspektive ein Symbol für die natürliche und urwüchsige Kraft. Als physisch inkarnierte Wesen haben wir Teil am Erdhaften und Animalischen. Davon sollten wir uns nicht überwältigen lassen, sonst verlieren wir unsere Menschlichkeit. Wir dürfen unsere Naturseite aber auch nicht verleugnen oder unterdrücken, weil sie sonst im Verborgenen bleibt. Sie wird einen Weg suchen und finden, sich zum Ausdruck zu bringen, doch es wird kein Weg sein, den wir steuern oder kontrollieren können. Das Unterdrückte wird schädlich für uns und die Welt. Wenn wir etwas loslassen und transzendieren wollen, müssen wir es zuerst ansehen und wirklich annehmen. Das gilt auch für unsere Instinkte und Triebe. Sie sind ein Teil von uns und gehören zu unserem menschlichen Erbe. Instinkte werden uns nicht zur Unsterblichkeit führen. Doch wir gewinnen sie ebensowenig, wenn wir unsere Natur nicht einbeziehen auf dem WEG.

8

Und er sagte:
Die Menschheit ist wie der weise Fischer, der sein Netz ins Meer warf und es voller kleiner Fische wieder aus dem Meer heraus zog. Unter ihnen fand er einen guten, großen Fisch. Ohne Zögern warf er alle kleinen Fische zurück ins Meer und behielt den großen Fisch. Wer Ohren hat zu hören, soll hören.

Wir sammeln so viele Fische im Leben und füllen unsere Netze. Wir suchen einen guten Fang nach dem anderen. Doch es ist nur eine scheinbar gute Ausbeute. Was wir da nicht alles zusammenfischen: Titel, Positionen, Hab und Gut, Einfluss, Geld und Wissen, Beziehungen und genussvolle Erfahrungen. Die Netze können noch so voll sein, wir werfen dennoch immer neue aus.

Der große Fisch

Ob wir es nun wissen oder nicht, am Ende suchen wir doch nur den einen, *großen* Fisch: Das vollkommene Glück, dessen Mangel wir fühlen, sonst würden wir nicht jeden Tag aufs Neue in See stechen, hoffend auf den nächsten guten Fang, der uns dauerhaft glücklich machen soll.

Yeshua kann ziemlich direkt sein. Du kannst so viel Inventar im Leben zusammentragen, wie du willst, sagt er, am Ende wird es dich trotzdem nicht glücklich machen. Selbst wenn dir ein paar Momente des Glücks gegönnt sein sollten, die kleinen Fische des Lebens, auch sie werden vergehen. Selbst das Angenehme und Schöne trägt deshalb den Keim des Schmerzes in sich. Auch der schönste Körper wird einmal verrotten, und was übrig bleibt, sind nur Haare und Nägel. Deshalb sagt die *Sankhya-Philosophie* – die Grundlage des Yoga und das älteste geschlossene philosophische

System der Menschheit überhaupt – mit schockierender Deutlichkeit, dass „der Schmerz die eigentliche Natur aller Dinge“ sei.[12] Das möchte man zu gerne zurückweisen. Doch ändert dies etwas an der Wirklichkeit?

Im Blick auf unser Geistfeld vermittelt dieser Spruch noch eine weitere Idee: Die vielen kleinen Fische, das sind die unzähligen mentalen Vorgänge im Ozean des Bewusstseins, die *Vrittis* oder Bewegungen in *Chitta,* unserem Geist, wie Patanjali sagen würde, all die Ablenkungen und Punkte der Aufmerksamkeit, zwischen denen unser Affengeist beständig wandert, unkonzentriert und ohne jede Ausrichtung. Ein zerfranster Geist ist schwach. Nur wenn wir die Energie unseres Geistes bündeln, können wir auch große Ziele erreichen und große Fische fangen.

Wie ein Laserstrahl das Licht bündelt, so bündeln wir in der Meditation unseren Geist – wir machen ihn einsgerichtet. „Wenn dein Auge eins(gerichtet) ist“, sagt Yeshua in der Bergpredigt, „wird dein ganzer Körper voller Licht sein.“[13] Wir brauchen Ausrichtung. In der Meditation ebenso wie im Leben überhaupt.

9

Yeshua sagte:
Seht, der Sämann ging hinaus, nahm eine Handvoll Samen und verstreute sie. Manche fielen auf den Weg, und die Vögel kamen und aßen sie auf. Andere fielen auf Gestein, und sie schlugen keine Wurzeln im Boden und bildeten keine Ähren aus. Andere fielen auf Dornen, und sie erstickten die Samen, und Würmer fraßen sie auf. Andere fielen auf guten Boden, und sie brachten eine gute Ernte. Sie brachten sechzigfachen und hundertzwanzigfachen Gewinn.

Yeshua, der Sämann, gibt seinen engsten Schülern eine innere Botschaft in der Hoffnung, dass sie auf fruchtbaren Boden fällt, dass sie also verstehen, was er sagen will. Sie sollen dieses Wissen dann weitergeben. Er weiß natürlich, dass viele Menschen noch nicht reif sind für seine Botschaft, dass die geistigen Samen, die er (und in seiner Nachfolge seine Schüler) säen wollen, immer wieder auf unfruchtbaren Boden fallen werden. Doch da, wo sie auf gute Erde fallen und Wurzeln schlagen können, wird der Ertrag jenseits von allem liegen, was ein Mensch sich jemals vorstellen könnte.

In den ersten Versen des Thomas-Evangeliums legt der Meister schon das vollständige Programm des mystischen Weges dar:

- *Den Tod nicht kosten* – Das, was du wirklich bist, ist unsterblich. (Logion 1)

- *Suchen und finden* – Du kannst dies erkennen, wenn du dich auf den Weg begibst und einer spirituellen Praxis folgst. (Logion 2)

- *Das Königreich ist in euch* – Dieser Weg führt dich in dein eigenes Inneres. Dort wirst du der Wirklichkeit deiner selbst begegnen, die eins ist mit allem, was ist. (Logion 3)

- *Wie ein Kind von sieben Tagen* – Zu dieser Selbsterkenntnis kannst du nur gelangen, wenn dein Geist frei geworden ist von seinen Konditionierungen und gewohnheitsmäßigen Mustern, damit er die Dinge ohne mentalen Filter in ihrer Soheit wahrhmen kann. (Logion 4)

- *Das Verborgene wird aufgedeckt werden* – Die spirituelle Praxis der Selbsterforschung und Meditation bringt das Licht deiner Bewusstheit auf alle Facetten deines individuellen Geistes, auf alles Unbewusste, Verdrängte und Vergrabene. So kann es losgelassen (vergeben) werden. Dies ist ein Prozess, der deinen Geist reinigt (läutert) und ihn von seinen Konditionierungen befreit. (Logion 5)

- *Tue nichts, was du hasst* – Sei authentisch und unverstellt. Sei wahrhaftig mit dir selbst und ehrlich zu den anderen. Schaue deinen Geist an, ohne etwas zu beschönigen und ohne dich zu verurteilen. (Logion 6)

- *Den Löwen essen* – Auf dem spirituellen Weg ist das Ego dein größtes Hindernis. Der innere Reinigungsprozess wird dir offenbaren, dass es nur Leid verursacht und letztlich illusorisch ist. (Logion 7)

- *Der große Fisch* – Richte dich im Leben auf das Höchste aus und übe dich darin, deinen Geist einsgerichtet zu machen. Hole dir den großen Fisch! (Logion 8)

10

Yeshua sagte:
Ich habe Feuer geworfen auf die Welt, und seht, ich hüte es, bis es lodert.

Das klingt so gar nicht nach der friedlichen Botschaft, mit der wir die Person Yeshua meist in Verbindung bringen. Wir werden sehen, dass er noch drastischere Wortschwerter zu benutzen weiß, wenn es darum geht, uns aus der Selbstvergessenheit aufzuwecken. Yeshua schockt uns wie ein Zen-Lehrer, der auf die Frage eines Schülers mit einem Schrei – *Kwaaaaaz!!!* – oder sogar einem Schlag ins Gesicht antwortet. Das ist unbequem. Es uns leicht zu machen, ist Yeshuas Sache nicht.

Das Symbol des Feuers ist vielsagend, und viele spirituelle Traditionen spielen mit ihm. Natürlich will der Meister nicht die Welt in Brand stecken, sondern unseren Geist: Damit er gereinigt wird und im Licht des Christus-Bewusstseins erstrahlt. Das Feuer soll unsere unbewussten Neigungen und alles mentale Mobiliar, das uns den inneren Frieden raubt – unser ganzes Karma – verbrennen. Zum Teufel mit dem Ego!

Auf dem inneren Weg kann es schwierig werden. Auch das gehört zum Bild des Feuers. Im Yoga sagt man *Tapas,* die Hitze, dazu. Sogar in der Meditation kann man schwitzen, wenn das Geistfeld in Flammen steht. Entwicklung bedeutet innere Reibung, und das treibt dem „spirituellen Krieger“ den Schweiß auf die Stirn. Transformation und Hitze gehören zusammen wie die Sonne und das Licht.

11

Yeshua sagte:
Dieser Himmel wird vergehen, und der über ihm wird vergehen.

Die Toten sind nicht lebendig, und die Lebendigen werden nicht sterben.

In den Tagen, als ihr gegessen habt, was tot ist, habt ihr es lebendig gemacht.

Wenn ihr im Licht seid, was werdet ihr tun?

An dem Tag, als ihr eins wart, wurdet ihr zwei. Aber wenn ihr zwei werdet, was werdet ihr tun?

Yeshua beginnt dies Logion mit der Idee der Vergänglichkeit. Alles, was kommt, muss vergehen, sogar der Himmel. Der ganze Kosmos wird geboren, entfaltet sich und wird schließlich wieder in die Auflösung gehen. Geborenwerden, Wachsen und Sterben sind eine ewige Kreisbewegung. Nichts bleibt, wie es ist. Das ist *Samsara,* das Rad des Seins.

Werden und Vergehen sind kosmische Ur-Prinzipien, die in allem wirken, was unser Geist sich nur denken kann, in allem, was er benennen oder (be-)greifen kann. Allein die ihm unterliegende Wirklichkeit, deren Energie die Schöpfung in ihrer Vielheit und Vergänglichkeit hervorbringt, ist vom Prinzip des Zyklischen ausgeschlossen, denn sie ist dessen Quelle.

Nun folgt Rätsel auf Rätsel. Warum sagt uns Yeshua, dass die Toten nicht lebendig sind und die Lebendigen nicht sterben werden? Wenn Yeshua, der Lebendige, von *Lebendigkeit* spricht, dann kann das nur eine Lebendigkeit in einem besonderen Sinne meinen: *Erwacht* sein. „Bist du ein Mensch oder ein Gott?“, fragte man einst den Königssohn Gautama Siddhartha. „Ich bin Buddha, ein Erwachter!“, antwortete der Prinz. Erwacht sein, erleuchtet sein, unsterblich sein – unterschiedliche Bilder, gemeinsamer Sinn.

Die im physischen Sinne Lebenden mögen zwar am Leben sein, doch im Sinne der Lebendigkeit Yeshuas sind die meisten Menschen betrunken, schlafend, tot. Wenn sie in diesem Zustand einst ihren Körper ablegen, werden sie nicht ins Paradies eingehen oder „lebendig“ werden*. Vielmehr werden sie, blind wie eh, die astralen Ebenen durchstreifen und Himmel oder Hölle erfahren. Sie werden in Resonanz treten mit ihrer mentalen Ausrichtung. In dieser anderen, ebenso vergänglichen Welt werden sie weiter nach dem Glück suchen, nicht wissend, dass sie nur von einem Traum zum nächsten gegangen sind. Der Tod *an sich* verspricht also noch keinen Trost.

---

* Siehe ganz in diesem Sinne auch Logion 59.

Wir setzen nur fort, was wir als physisch inkarnierte Wesen schon begonnen haben.

Totes essen und es lebendig machen – Physisches Leben kann nur aus physischem Leben leben. Deshalb müssen wir töten, was wir essen. Leider tun wir das meist auf rücksichtslose Weise, massenhaft und ohne jedes Mitgefühl. (Wer einmal das Brüllen eines Schweines vor der Schlachtung erlebt hat, kann es nie mehr vergessen.) Das Tote jedenfalls, das wir aufnehmen, nährt uns, es wird durch uns und in uns lebendig, so wie die Asche der Toten zur Erde wird, aus der neue Blumen wachsen. Auch hier begegnen wir den Ideen der Vergänglichkeit, des Zyklischen, der Transformation.

Doch nicht nur unser Körper, sondern auch unser Geist macht das Tote lebendig. Und ich denke, dass hierin die eigentliche Bedeutung des Logions liegt: Fiktionen, tote Gedanken nur, erzeugen lebendige, fühlbare Wirklichkeit. Jeder kann das ganz leicht selber prüfen: Denke an Sex, und du fühlst körperliche Erregung. Denke an den schlechten Tag von gestern, und du fühlst den Ärger, sehr lebendig, obgleich das Gestern doch heute bloß noch Traum ist. Denke an die Herausforderung von morgen, und du machst dir Sorgen. Dabei ist der morgige Tag noch irrealer als das Gestern, das immerhin Erinnerung ist. Die Zukunft dagegen ist bloße Vorstellung, Fantasie, bestenfalls eine Extrapolation mit einem gewissen Grad von Wahrscheinlichkeit. Am Ende wird sie wohl ganz anders sein, als du denkst. Vielleicht erlebst du sie ja nicht einmal, weil heute der letzte Tag ist, an dem du lebst. Was willst du deinem Geist heute „zu essen geben"? *Was würde ich lebendig machen wollen, wenn dies der letzte Tag wäre, den ich zu leben hätte?*

Wenn ihr im Licht seid, was werdet ihr tun? – Das aramäische Wort für Licht heißt *Nuhra*, und es meint das Bekanntwerden dessen, was unbekannt war, also das Hervortreten der Wirklichkeit. Was werden wir wohl tun, wenn wir die Dinge so sehen, wie sie sind, befreit von den vielen Brillen, die unser Geist trägt, jenseits der kleinen Ich-Welt, in der wir unseren mechanisierten Alltag leben? Sollte es Yeshua in diesem Spruch tatsächlich ums Tun gehen, dann wird man wohl antworten können: Wir werden das *Richtige* tun! Doch ich denke, diese Frage ist rhetorischer Natur, eine Fangfrage fast, denn das Im-Licht-Sein meint mehr ein Sein als ein Tun, jenen einfachen, natürlichen, ursprünglichen und spontan fließenden Bewusstseinszustand, an den der Meister uns in jeder Zeile erinnern möchte. „Der Große Pfad", sagt das *Tao Te King,* „ist einfach und geradeaus, dennoch mögen es die Menschen, die Seitenstraßen zu nehmen."[14] Wir Menschen machen uns das Leben gerne kompliziert.

Aber wenn ihr zwei werdet, was werdet ihr dann tun? – Wenn wir den einfachen, reinen Zustand des Lichtes wieder verlassen, wenn wir also vergessen, wer wir sind – von *Nuhra* zu *Hataha* – dann werden wir wieder „machen" und „tun", ertrinken in Aktivität, zweigeteilt, aufgeteilt. Das Eine wird Vieles werden in der „Welt der Myriaden Dinge", wo Freud und Leid unsere dauernden Begleiter sind. Wir sind zwischen den Polen der Dualität zerrissene Wesen, auf der Suche nach unserer verloren gegangenen Einheit und Einfachheit.

12

Die Schüler sagten zu Yeshua:
Wir wissen, dass du uns verlassen wirst. Wer wird uns dann anleiten?

Yeshua sagte zu ihnen:
Wo ihr auch seid, sucht Yaakov*, den Gerechten. Um seinetwillen wurden Himmel und Erde.

---

* Jakob

Yaakov, den Yeshua hier „den Gerechten“ nennt, war ein Bruder des Meisters, wie uns der Apostel Paulus im *Brief an die Galater* sagt. Die Wissenschaftler halten ihn für den ältesten leiblichen Bruder Yeshuas, ganz sicher sind sie aber nicht. Vielleicht war Yaakov auch nur ein Bruder im Geiste. Letzteres war für Yeshua auch die wichtigere Form der Verwandtschaft, eine Bindung, die ihm wirklicher erschien als die Blutsverwandtschaft. In Logion 99 kommt das deutlich zum Ausdruck: Die Schüler berichten dem Meister da, dass seine Brüder und seine Mutter vor der Türe stünden. Der Lehrer antwortet ohne Zögern: „Diese hier, die den Willen meines Vaters tun, sind meine Brüder und meine Mutter.“

Die Schüler fürchten also, ihren Meister zu verlieren. Wer wird ihnen dann Anleitung geben? Ich stelle mir vor, wie Yeshua, der Weisheitslehrer, in diesem Moment geblickt haben mag, desillusioniert ob seines Auftrages – er, der mit jedem Wort und Atemzug einen Fingerzeig auf die *innere Wirklichkeit* seiner Schüler setzen will, um ihnen klarzumachen, dass alles, was sie sind und sein können, schon in ihnen ist, und dass sie im Grunde *niemanden* benötigen, der sie führt. Und nun blicken sie ihn an mit hilflosen Augen. Zwischen den Zeilen hören wir sie betteln: „Bitte gehe nicht, wir brauchen einen Führer wie dich!“ Sie sorgen sich mehr um sich selbst als um Yeshua.

Yaakov war wohl ein guter Schüler, einer, der *gerecht* war. Die spirituelle Dimension der Gerechtigkeit geht über die moralische hinaus. Ihr Thema ist nicht die Fairness oder angemessene Verteilung von Gütern. Gerecht sein meint hier den richtigen Blick auf die Welt, den Sinn und das Sein. Buddha nannte es *rechte Anschauung.* Im Yoga nennt man es *Viveka*, das unterscheidende Gewahrsein. Es ist die Bewusstheit um die Vergänglichkeit der Welt und die unsterbliche Essenz in uns selbst; das Auseinanderhalten dessen, was uns fesselt oder uns befreit. Mit anderen Worten: Die Unterscheidung von Wirklichkeit und Illusion.

Yeshua unterrichtete seinen begabten Schüler Yaakov auch in stiller Vertrautheit. Yaakov notierte sich, was sein Lehrer ihm sagte. Diese Offenbarungen fanden als *Jakob-Evangelium* Eingang in das Schrifttum: Yaakov gab seine Notizen in einem vertraulichen Brief an eine uns heute unbekannte Person weiter. Darin sagt er, dass Yeshua ihm und dem Apostel Petrus ein „geheimes Buch" gegeben habe. Und er bittet den Empfänger, „vorsichtig zu sein, dieses Buch nicht vielen Menschen zu zeigen, ein Buch, das der Erlöser nicht einmal allen von uns, seinen zwölf Schülern, offenbaren wollte".[15] Yaakov schrieb auch diese Worte auf, die Yeshua zu seinen Schülern gesagt haben soll:

> *„Wäre ich gesandt worden zu solchen, die mir zuhören, um mit ihnen zu sprechen, wahrlich, ich wäre niemals herabgestiegen auf die Erde. Schämt euch!"*[16]

Das klingt, als würde Yeshua gelegentlich daran verzweifeln, den Menschen seine Botschaft bringen zu müssen. Warum bloß wurde er als Avatar auf diesen unverständigen Außenposten namens Erde in einer versprengten Galaxie im Weltall namens Milchstraße geschickt? Warum nur hat er keinen einfacheren Auftrag bekommen, um zu klügeren Wesen sprechen zu dürfen? Wie erklärt man den Blinden das Licht? Warum rufen sie immerzu nach Führern? Haben sie noch nicht genug davon? Wieso erkennen sie nicht, dass Gott in ihnen allen ist? Fühlen sie nicht seine Kraft, den Atem des Lebens, den Heiligen Geist? Es ist kein Wunder, dass die Welt in einem so schlimmen Zustand ist. Natürlich stellte Yeshua sich diese vielen Warum-Fragen nicht wirklich, er wusste genau, welche Aufgabe ihm bestimmt war. In der Bergpredigt sagt er:

> *„Meint nicht, ich sei gekommen, das Gesetz oder die Propheten aufzulösen. Nicht um aufzulösen bin ich gekommen, sondern um zu erfüllen." (Mt 5,17)*

Das Gesetz zu erfüllen, das meint natürlich nicht die weltlichen Gesetze oder religiösen Vorschriften der Juden oder Römer, sondern die universelle Wahrheit, die Krishna – ein Avatar wie Yeshua – *Dharma* nennt:

„Immer dann, wenn der Dharma, das Gute und Richtige, zu verfallen droht, und wenn Adharma, das Böse und Falsche, überhand nimmt, dann zeige ich mich in körperlicher Form. Um das Gute zu beschützen, das Böse zu zerstören und den Dharma wieder zu errichten, erscheine ich so Zeitalter um Zeitalter.“[17]

Auch Yaakov, der Nachfolger des Meisters, musste sein Leben lassen für den Versuch, den *Dharma* in die Menschen zu pflanzen. Die Erde war noch nicht reif für die Samen, die er säte. Die Blinden sollten ihn steinigen.

13

Yeshua sagte zu seinen Schülern:
Vergleicht mich mit jemandem und sagt mir, wem ich gleiche.

Shimon Kefa* sagte zu ihm: Du gleichst einem gerechten Engel. Matai sagte zu ihm: Du bist wie ein weiser Philosoph. Toma*** sagte zu ihm: Meister, mein Mund ist schlicht nicht imstande, zu sagen, wem du gleichst.**

Yeshua sagte:
Ich bin nicht länger dein Meister, denn du hast getrunken

* Simon Petrus
** Matthäus
*** Thomas

und wurdest berauscht von der sprudelnden Quelle, aus der ich komme.

Und er nahm ihn und zog sich mit ihm zurück und sagte drei Worte zu ihm ... Als Toma zurück zu seinen Freunden kam, fragten sie ihn: Was hat Yeshua zu dir gesagt?

Toma sagte zu ihnen:
Wenn ich euch eines der Worte sage, die er zu mir sprach, werdet ihr Steine aufheben und mich steinigen, und Feuer wird aus den Steinen kommen und euch verschlingen.

Toma braucht keinen Lehrer mehr. Also sagt Yeshua zu ihm: „Ich bin nicht dein Lehrer." Das Feuer ist gelegt. Die Botschaft des Meisters hat ihn entflammt, und er hat gekostet vom Nektar der Unsterblichkeit. Er sah der Wirklichkeit ins Gesicht, die er selber ist. Shimon Kefa und Matai hängen noch an der Person und an den Worten Yeshuas, suchen Anleitung und Führung. Sie brauchen etwas, das sie mit dem Verstand erfassen oder an das sie wenigstens *glauben* können, denn seine Lehre wurde noch nicht zu ihrer eigenen inneren Erfahrung. Dies hat Toma ihnen allen voraus (und, wie wir annehmen dürfen, auch Yaakov, von dem im vorausgegangenen Logion die Rede war).

Die Wirklichkeit ist ohne Worte, und so kann Toma nicht sagen, wer Yeshua, der Lebendige, ist. Die Unendlichkeit lässt sich nicht in Worte fassen, definieren, abgrenzen oder einzäunen. Toma hat verstanden, dass sein Lehrer nichts Äußeres meint, wenn er sagt: „Vergleicht mich mit jemandem." Diese Frage zielt vielmehr auf den Kern seines Wesens, seine spirituelle Essenz.

Toma hat von der „sprudelnden Quelle" getrunken. *Sophia* ist nun sein innerer Lehrer, eines äußeren bedarf er nicht länger. Wenn Yeshua einst geht, wird Toma den Schmerz der Trennung erfahren, doch seinen WEG kann er alleine gehen. Wer *Sophia* findet, befreit sich aus den Fesseln der Welt. Er wird ein Weiser, der sich mit der heiligen Kraft, aus der die Welt ausfließt, verbindet.

Die *Upanishaden*, der mystische Teil der Veden, sagen: *Tat Tvam Asi*. Du bist DAS. Und das meint: „Du bist (eins mit) Gott.“ In Indien konnte man dies sagen.

Wer sein inneres Licht findet, so wie Toma, der ist niemandes Schüler mehr. Lehrer und Schüler begegnen sich auf Augenhöhe. Und sie sind vorsichtig mit dem, was sie sagen.

14

Yeshua sagte zu ihnen:
Wenn ihr fastet, werdet ihr Sünde über euch bringen, und wenn ihr betet, werdet ihr verdammt sein, und wenn ihr Almosen gebt, werdet ihr eurer Seele Schaden zufügen.

Wenn ihr in irgendein Gebiet geht, durch das Land wandert und Menschen euch empfangen, esst, was sie euch geben, und heilt die Kranken unter ihnen.

Was in euren Mund hineingeht, wird euch nicht beschmutzen, sondern das, was aus eurem Mund herauskommt, wird euch beschmutzen.

Dies ist eine drastische Antwort auf die Frage, welche die Schüler schon im 6. Logion gestellt haben. Nicht die Oberfläche ist von Bedeutung, all das Hohle und Aufgesetzte, die gespielte Frömmigkeit und Regelhörigkeit. Alles das ist im Grunde nur Scheinheiligkeit. Es „verschmutzt“ unseren Geist, der doch gereinigt werden will. Das äußere Tun, reglementiert von gesellschaftlichen Instanzen und mechanisiert durch unsere eigenen Gewohnheiten, kann uns niemals

Yeshua kümmert sich um einen Kranken

zu Gott führen. Der Zen-Mönch Kanchi Sosan (6. Jh.) sagt, dass es im Absoluten weder Vorschrift noch Regel gibt.[18]

Sabbath, der Feiertag, an dem man fastet und nicht arbeitet, kommt vom aramäischen *Shabah,* das meint einen Tag, an dem wir uns daran erinnern, dass wir mit der Ganzheit der Schöpfung verbunden sind.[19] Wie könnten wir unserer Verbundenheit gewahr sein und zugleich den Kranken unsere Hilfe verweigern? Heilt also die Kranken – wann immer und wo auch immer, sagt Yeshua. Vorschriften, die nicht hilfreich sind, müssen gebrochen werden. Koscher oder nicht koscher, was bedeutet das schon? Denn nicht das, was wir in den Mund stecken, kann uns „beschmutzen" oder Schaden anrichten, sondern allein das, was aus ihm herauskommt. Wichtiger als alle Ernährungsregeln sind also die Worte, die wir benutzen. Sie können heilen oder verletzen. Sie sind Ausdruck unseres Denkens und damit Ausdruck dessen, was wir in unserem Geist lebendig gemacht haben, wie es in Logion 11 heißt.

15

Yeshua sagte:
Wenn ihr einen seht, der nicht von einer Frau geboren wurde, werft euch nieder und erweist ihm Verehrung. Dies ist euer Vater.

Ins rechte Licht gerückt, ist dieser Ausspruch ein Schlag ins Gesicht der naiven Vorstellung der jungfräulichen Geburt Yeshuas, jenes Weisheitslehrers, der im Jahre 325 auf dem Konzil von Nicäa per offiziellem Ratsbeschluss zu einem Gott gemacht wurde. Fortan hatte man an ihn zu *glauben* und ihn anzubeten. Unter Androhung der Todesstrafe verbot man die Lektüre aller Schriften, bis auf jene, die uns als Neues Testament überliefert wurden. Wieder betrogen uns die Gelehrten und Politiker. Sie betrogen uns um Yeshuas Botschaft. Doch eigentlich wollen sie uns um unser inneres Licht betrügen und es im Verborgenen halten, weil die Idee der totalen inneren Freiheit des Menschen jeden Machtanspruch bedroht. Stünden wir alle im Licht, könnten Kirchen, Herrscher und Wirtschaftsmogule nach Hause gehen. Die Welt wäre eine andere.

Die jungfräuliche Geburt ist natürlich nicht mehr als ein Kindermärchen, wenn wir sie wörtlich verstehen. Doch sie ist sehr tiefgründig im Lichte eines inneren Verständnisses. Yeshua will mitnichten, dass wir aus ihm einen Gott machen, um uns dann vor ihm niederzuwerfen. Er will uns erleuchten, dass wir wie er werden und jenes namenlose „Etwas“ in uns finden, das ungeboren und unsterblich ist – das, was *nicht biologisch geboren* wurde, sondern schon da war, bevor wir inkarnierten.

„Bevor Avraham war, bin ich", sagt Yeshua im *Johannes-Evangelium* (Joh 8,58). Das bedeutet nicht, dass die Gegenwart vor der Vergangenheit liegt. Nicht die Gegenwart, sondern die *Gegenwärtigkeit* meint Yeshua. Sie ist das ungeborene Licht, das unserem biologischen Sein vorausgeht. Wie auch könnte die Ewigkeit Zeit und Ort kennen?

Im Zen stellt man sich manchmal diese Frage: *Wie sah dein Gesicht aus, bevor du geboren wurdest?* Wer also bist du in Wirklichkeit? Johannes Scheffler, ein christlicher Mystiker und Poet (1624–1677), der sich das Pseudonym *Angelus Silesius* gab, sprach davon, dass wir „Maria werden" müssen, das will sagen: Das Christuskind in uns zur Welt bringen. Wir sind die Krippe. In uns wohnt Christus. Oder Buddha. Oder das Tao.

Jungfräulich sein (oder *ledig sein,* wie Meister Eckhart es auch formuliert), das bezieht sich auf unser Geistfeld, den inneren Acker, und darauf, dass wir ihn umgraben und reinigen, um ihn bereit zu machen dafür, dass ABWUN darin eingehen kann. Vor IHM werfen wir uns nieder.

Die innere Arbeit des Vergebens, des Anschauens und Loslassens unserer leidhaften Gedanken und Gefühle, die „Arbeit" an unserem Geist, mag manchmal nicht leicht sein. Und so greift Yeshua im nächsten Spruch das Bild des spirituellen Kriegers auf und spricht, drastischer noch als im 10. Logion, vom Feuer, das er auf die Welt bringen will.

16

Yeshua sagte:
Die Leute mögen denken, dass ich gekommen bin, um Frieden über die Welt zu bringen. Sie wissen nicht, dass ich gekommen bin, um Konflikte auf die Erde zu bringen: Feuer, Schwert, Krieg.

Denn es werden fünf sein in einem Haus. Drei werden gegen zwei sein und zwei gegen drei, der Vater gegen den Sohn und der Sohn gegen den Vater, und sie werden alleine stehen.

Feuer, Schwert und Krieg – wer sagt, dass der Weg ins Innere friedlich ist? Selbsterforschung ist kein Wellness-Urlaub, sondern ein ehrliches Hinschauen. Es verlangt anzuerkennen, dass all die widerstreitenden Tendenzen und Impulse auf unserem Geistfeld Realität sind. Nicht, dass uns egal sein soll, was da vor sich geht. Wir müssen auch nicht gut finden, was nicht hilfreich ist; dass wir zum Beispiel Neid empfinden oder Groll, dass uns Mitgefühl fehlt oder Gelassenheit. Im Gegenteil, was uns den Weg zum inneren Frieden verstellt, sollten wir loslassen. Doch dazu müssen wir es erst anzunehmen lernen: „Da bist du, du bekanntes Neidgefühl, ich sehe dich. Du darfst da sein. Und nun, da ich dich gesehen und nicht verurteilt habe, ziehe bitte weiter!"

Die fünf, von denen der Meister spricht, könnten unsere fünf Sinne sein. In der indischen Philosophie werden sie symbolisiert durch fünf Pferde, die einen Wagen – unseren Körper und Geist – ziehen. Hin- und hergerissen sind sie: Welche Straße sollen wir nehmen? Welchem Objekt wollen wir uns als nächstes zuwenden? Was macht uns am glücklichsten? Doch erst, wenn wir die Sinne, einem gebündelten Lichtstrahl gleich, auf ein Objekt ausrichten, so wie wir das in der Praxis der Meditation immer wieder aufs Neue versuchen, können wir das Licht erfahren und erkennen, dass Vater und Sohn, Brahman und Atman, Gott und unsere Essenz, eins sind. Dann mag Faszinierendes, Unsagbares geschehen. Im nächsten Logion spricht Yeshua davon.

17

Yeshua sagte:
Ich werde euch geben, was kein Auge gesehen hat, was kein Ohr gehört hat, was keine Hand berührt hat, was nicht im Herzen des Menschen gewachsen ist.

Erleuchtung ist ein Prozess, der uns als Person transzendiert, jenes Masken tragende Bündel an Eigenschaften und Zuschreibungen, die uns in der Summe zu dem machen, was wir zu sein glauben: Mutter, Vater, Tocher oder Sohn. Rechtsanwalt, Arzt, Maurer oder Kellner. Deutscher, Italiener, Amerikaner oder Russe. Schwarz, weiß, gelb oder rot. Katholik, Protestant oder Muslim. Groß oder klein, dick oder dünn. Konservativer, Sozialdemokrat oder Liberaler. Alt oder jung, hässlich oder schön. Gebildet oder nicht, intelligent oder dumm … und Millionen andere Dinge. Nichts davon, sagt Yeshua, seid ihr.

Wenn ihr DAS erkennt, erfahrt ihr, was ihr wirklich seid. Es ist noch jenseits eurer Gedanken und Gefühle: Das ICH-BIN-BEVOR-ABRAHAM-WAR mag nicht in des Menschen Herz dringen können, doch das Herz kann durch die Liebe über sich selbst hinauswachsen. So werden Feuer, Schwert und Krieg zu den sanften Waffen, die uns mit dem Heiligen Geist taufen.

18

Die Schüler fragten Yeshua:
Sag uns, wie wird unser Ende sein?

Yeshua sagte:
Habt ihr den Anfang erkannt, dass ihr jetzt das Ende sucht? Wo der Anfang ist, wird das Ende sein. Gesegnet ist, wer am Anfang steht. Ihr werdet das Ende kennen und den Tod nicht schmecken.

Der Anfang kommt aus der Quelle, und das Ende führt zurück zu ihr, heim in den GROSSEN OZEAN, das Potenzial des Seins. Vom reinen Bewusstsein über das Feinstoffliche hin zur physischen Oberfläche des Kosmos verläuft die Evolution, das „Sich-heraus-Drehen" der Vielheit aus der Einheit. Der Weg der Selbsterforschung und Meditation hingegen will zurück – Involution. Das *Yogasutra* beschreibt diesen Weg als meditatives „Eindringen in die feinstoffliche Natur der Objekte". Dieser Prozess „findet sein Ende erst in der Formlosigkeit selbst".[20]

Das Logion erinnert uns an den „Anfänger-Geist", den man im Zen zu kultivieren versucht, den Geist, der leer ist. Nur in den leeren Geist hinein, den Geist von sieben Tagen, kann die Fülle des Vaters sich ergießen, so wie Tee nur in eine leere Tasse eingegossen werden kann. Über die Einheit von Anfang und Ende, von Neubeginn und Ziel, sagt Meister Eckhart:

> *„Wer einen Baum fragt, warum er seine Frucht trägt, wenn er Vernunft hätte, spräche er: Dass ich mich in der Frucht erneuere, das tue ich, um mich von neuem meinem Ursprung zu nähern; denn dem Ursprung nahe sein, das ist lustvoll. Gott ist der Ursprung und ist Lust und Liebe."*[21]

19

Yeshua sagte:
Gesegnet seid ihr, die ihr wart, bevor ihr wurdet.

Wenn ihr meine Schüler werdet und meine Worte hört, werden diese Steine euch dienen.

Denn es gibt fünf Bäume im Paradies für euch. Sie verändern sich nicht, Sommer wie Winter, und ihre Blätter fallen nicht herab. Wer sie erkennt, wird den Tod nicht schmecken.

Die *Sankhya Karika* (kurz: *Karika*) ist eine indische Schrift, die das philosophische Denken Kapilas, des „roten Zauberers", wie er auch genannt wurde, zusammenfasst. Sie wurde zur Grundlage der wichtigsten Strömungen der indischen Philosophie. Ohne Kapila könnten wir heute nicht das *Mahabharata* oder die *Bhagavad Gita* lesen, auch nicht das *Yogasutra*. Sogar das medizinische System des *Ayurveda* ist ganz davon durchdrungen. Die *Sankhya Karika* beinhaltet einen Satz, der uns als Schlüssel zum Verständnis des mysteriösen Spruches dienen kann:

> *„Die äußeren Instrumente funktionieren in der Gegenwart, die inneren Instrumente in allen drei Zeiten."*[22]

Die *inneren Instrumente* bezeichnen in der Yoga-Philosophie die drei unterschiedlichen Aspekte unseres individuellen Geistes: Zum einen Wahrnehmen, Denken und Fühlen; zum anderen das Ego, das alle Erfahrungen integriert; schließlich unsere höhere Intelligenz, Weisheit und Intuition. Unser Geist, sagt die Karika, funktioniert in den drei Zeiten, das heißt in Vergangenheit, Gegenwart und Zukunft.

Diese Fähigkeit ist zugleich eine Krux: Meist hält unser Geist sich nämlich in der nicht mehr existenten Vergangenheit auf oder verirrt sich in der noch nicht existenten Zukunft. Er steckt fest im Ärger des Gestern und in den Sorgen um das Morgen. Das macht ihm die Gegenwart zur Hölle.

Ganz anders ist das mit den *äußeren Instrumenten,* unseren Sinnen. Sie funktionieren immer nur im Hier und Jetzt: Nur jetzt kann ich schmecken, riechen, fühlen, sehen und hören. Nur jetzt kann ich wahrnehmen. Die Sinne können also zu Toren werden, die uns in die Ewigkeit der Gegenwart führen: Nur hören. Hinschauen. Spüren. Atmen. Präsent sein. In der Natur geht das besonders gut. Yeshua lehrte im Freien und sprach von den Bäumen, dem Gras, dem Wind und den Blumen. Er war ein Lehrer der Natur!

Auf Aramäisch heißt Atem *Ruha.* Es gehörte schon immer zur spirituellen Tradition des Mittleren Ostens, über den Atem in Verbindung mit der Essenz zu kommen. *Ruha,* der Atem, bedeutet auch Geist, besser: Lebensgeist. Das Wort transportiert, ebenso wie das altgriechische *Pneuma*, ein Verständnis, das ganz nahe dem der indischen Mystik ist, wenn sie von *Prana* spricht, der Lebensenergie, die wir vor allem über den Atem aufnehmen. *Ruha d'Qudsha* bedeutet *Heiliger Geist* auf Aramäisch. Es bedeutet genauso *Heiliger Atem.* Den Atem fühlen – das mag einer der Bäume im Paradies sein.

20

Die Schüler sagten zu Yeshua:
Sag uns, wie das Königreich des Himmels ist.

Er sagte zu ihnen:
Es ist wie ein Senfkorn, das kleinste unter allen Samenkörnern, aber wenn es auf bereiten Boden fällt, bringt es eine große Pflanze hervor und wird zum Schutzschirm für die Vögel des Himmels.

Der Funke in uns mag nur schwach sein, doch wenn er zu lodern beginnt, vermag er unsere Welt zu verändern. Ein großes Licht kann daraus werden, das uns leitet.

Manchmal ist es nur ein kleiner Hinweis eines Weisheitslehrers wie Yeshua. Wenn er auf reifen Boden fällt, kann er blühen, und ein großer Baum auf unserem Geistfeld wird daraus. Er gibt uns Sicherheit und Schutz. Wenn er sehr groß ist, riesenhaft, wie bei Buddha, Yeshua oder Patanjali – dann kann er auch Zuflucht werden für unzählige andere.

Das Größte kann aus dem Kleinsten erwachsen. Die Yogis sagen, dass *Purusha,* unser inneres Licht reinen Gewahrseins, ein kleiner Punkt in unserem Herzen ist. Und obgleich er so klein ist, ist er doch so groß, dass er das ganze Weltall umspannt.

21

Myriam* fragte Yeshua:
Wem gleichen deine Schüler?

Er sagte:
Sie sind wie Kinder, die auf einem Feld leben, das nicht das ihre ist. Wenn die Eigentümer des Feldes kommen, werden sie sagen: „Gebt uns unser Feld zurück." Vor ihren Augen nehmen sie ihre Kleider ab, um sie ihnen zurückzugeben, und sie geben ihnen ihr Feld zurück.

Deswegen sage ich, wenn der Eigentümer eines Hauses weiß, dass ein Dieb kommt, wird er Wache halten, bevor der Dieb kommt, und den Dieb nicht in das Haus, das ihm gehört, einbrechen und seine Besitztümer stehlen lassen.

So sollt auch ihr wachsam sein gegenüber der Welt. Bewaffnet euch mit großer Stärke, sonst finden die Räuber einen Weg, euch zu erreichen, denn die Probleme, die ihr erwartet, werden kommen. Möge einer unter euch sein, der versteht.

Als das Korn reif war, kam der Mäher schnell mit der Sichel in der Hand und erntete es. Wer Ohren hat zu hören, soll hören.

Wir sind die Eigentümer jenes Hauses, das unser Geist ist. Und unsere größten Besitztümer sind Vertrauen, Liebe, Güte, Mitgefühl, Hoffnung – alles Positive auf unserem Geistfeld und die Worte und Handlungen, die daraus entspringen. Ihre Frucht ist der innere Friede.

---

* Maria

Um einen friedlichen Geist zu erfahren, gibt uns der weise Yogi Patanjali, der übrigens ein Zeitgenosse Yeshuas gewesen sein könnte (so genau weiß man das nicht), diese wunderbare Lebensempfehlung, über die sich wirklich nachzudenken lohnt. Sie zu *leben*, ist eine tägliche Herausforderung. Stellen wir uns eine Welt vor ohne Löwenmenschen, eine Welt, in der wir alle uns dies zu Herzen nähmen:

> *„Das Bewusstsein wird ruhig, wenn wir eine innere Haltung kultivieren, die sich dem Glück anderer freundlich zugewandt zeigt und von Mitgefühl für leidende Wesen geprägt ist; eine Haltung, die ehrliche Freude über Gutes zum Ausdruck bringt und von Gelassenheit gegenüber dem Negativen zeugt.“*[23]

Was werden wir mitnehmen können, wenn wir den Körper einmal verlassen? Unser physisches Leben ist nur geborgt auf Zeit. Nackt kamen wir und nackt gehen wir. Wir nehmen nur unseren Geist mit in die Nicht-Körperlichkeit. Dazu die Verantwortung für unsere Handlungen und deren Wirkungen – unser Karma. „Die Gold suchen“, sagte der griechische Philosoph Heraklit, „graben viel Erde und finden wenig.“[24] Zu dem Wenigen, dass sie vielleicht finden, gehört eines ganz sicher nicht: Zufriedenheit.

Jeden Tag aufs Neue rauben die Diebe uns den Frieden. Ärger, Groll, Sorgen, Angst, Eifersucht, falsches Wissen, Vorurteile, Habenwollen und vieles, vieles mehr. Sie verursachen Schmerz und Unzufriedenheit. Diese Räuber sind unsere Feinde. Sie stehlen uns den Frieden und entfernen uns vom Urgrund. Und obgleich sie unsere Gegner sind, halten wir sie nur allzu gerne fest: Man sage einem, der sich Sorgen macht, er solle sich nicht sorgen …

Das Kind als Bild für den nicht-konditionierten Geist

22

Yeshua sah Kinder, die gestillt wurden. Er sagte zu seinen Schülern:
Diese Kinder, die gestillt werden, sind wie diejenigen, die ins Königreich eingehen.

Sie sagten zu ihm:
Sollen wir also das Königreich als Kinder betreten?

Yeshua sagte zu ihnen:
Wenn ihr zwei zu einem macht, und wenn ihr das Innere wie das Äußere macht und das Äußere wie das Innere, wenn ihr das Obere wie das Untere und männlich und weiblich zu einem macht, so dass das Männliche nicht männlich noch das Weibliche weiblich ist, wenn ihr Augen anstelle eines Auges macht, eine Hand anstelle einer

Hand, einen Fuß anstelle eines Fußes, ein Bild anstelle eines Bildes, dann werdet ihr in das Königreich eingehen.

Stellen wir uns diese Szene vor: Meister Yeshua spaziert mit seinen Schülern durch die Gassen Jerusalems. Die Sonne scheint, und überall ist geschäftiges Treiben. Menschen sind bei der Arbeit oder kaufen ein. Auf dem Markt preisen die Händler ihre Waren an. Irgendwo in einer ruhigen und schattigen Ecke, vielleicht auch direkt vor ihren Häusern, sitzen Mütter und stillen ihre Kleinen.

Diese Kinder sind ganz und gar bei dem, was sie tun, eingetaucht in das schützende und nährende Gefühl, ihrer liebenden Mutter nah zu sein. Kann man sich vorstellen, dass ein Baby in diesem Moment an irgendetwas *denkt?* Dieses Eingetauchtsein, die totale und dennoch entspannte Konzentration ohne jede Ablenkung, nennt man im Yoga *Samadhi*, im Zen *Satori,* im Buddhismus *Nirvana,* das Verlöschen. Freude und Lebendigkeit. Kein Ich ist da, das unzufrieden wäre. Reines Fließen. Manche Menschen üben sich viele Jahre in Meditation, um diesem Zustand nahezukommen. Offenbar ist es aber ein ganz *natürlicher* Zustand, denn er wird uns schon bei der Geburt geschenkt! „Der Zustand des Buddha", schreibt der Zen-Mönch Taisen Deshimaru-Roshi (1914–1982), „das Aufgeben des Ego, das kosmische Leben, das ist die wahre Natur, unsere ursprüngliche Natur."[25]

Die Konditionierung des Geistes lässt uns diese Harmonie vergessen. Schicht um Schicht wird sie vom mentalen Staub überlagert, vom Lärm, von Konzepten, Gedanken, Vorstellungen, Überzeugungen, Urteilen und Vorurteilen. So verlassen wir Malkutha, das Königreich, und gelangen auf schmerzhafte Ab-Wege.

Die Brust der Mutter steht auch für *Gaia,* unsere Mutter Erde, deren Brust uns alle nährt. Anstatt sie mit Wertschätzung zu behandeln, schlagen wir sie und treten sie mit Füßen. Ein kleines Kind würde das niemals tun, denn es liebt das Lebendige.

Zum Kindsein gehört noch ein Weiteres, das eine wichtige Parallele zum spirituellen Weg darstellt. Das Bild der Babies, die gestillt werden, ist besonders gut geeignet, diese Botschaft zu transportieren: Es erinnert uns nämlich an das Sehnen. Nichts Wichtigeres könnte es geben für das Kind als sein Zusammensein mit der Mutter. Sie ist sein Höchstes. So wie diese Kinder ihre Mutter brauchen, sie lieben und sich nach ihr sehnen, wenn sie nicht in ihrer Nähe sind, so mögen auch wir uns nach dem Höchsten sehnen und rastlos bleiben, bis wir endlich dahin gelangt sind. Auf dem spirituellen Weg ist dies das einzige Verlangen, das uns näher zu Gott bringen kann. Yeshua nennt es, sich harmonisch ins Bild fügend, auch den *Hunger*, der selig macht (Logion 69). Über diesen Hunger sagte Sri Ramakrishna einmal:

> *„Man muss für Gott das Sehnen eines Kindes fühlen. Das Kind sieht nur Verwirrung, wenn seine Mutter nicht da ist. Du kannst versuchen, ihm gut zuzureden und etwas Süßes zu geben; doch es wird sich nichts vormachen lassen. Es sagt nur: ‚Nein, ich will zu meiner Mutter gehen.' So ein Sehnen nach Gott muss man haben. Oh, was für ein Sehnen! Wie ruhelos ein Kind sich fühlt, das ohne seine Mutter ist. Nichts lässt ihn seine Mutter vergessen. (...) Oh, diese Ruhelosigkeit ist alles.“*[26]

„Wie diese Kinder sollen wir werden?“, fragen die Schüler irritiert. Yeshua, so stelle ich mir vor, schließt seine Augen und fragt sich: „Wie soll ich es ihnen bloß erklären?“ Dann antwortet er mit einem *Koan,* das man sich rätselhafter kaum denken kann. Ein einziges Paradoxon! Er richtet sich nicht an den Verstand, weil seine Botschaft keine rationale ist. Sie ist auch nicht irrational, sondern geht über beides hinaus. Sie ist *radikal*, und dieses Wort kommt von *radix,* der Wurzel. Zur Wurzel hin will Yeshua, zur Quelle, aus der alles kommt, was ist – auch der Verstand. Nicht irrational, sondern radikal – nicht *ratio,* sondern *radix.*

Das Innere wie das Äußere machen, das Oben wie das Unten – Diese Botschaft formuliert ein kosmisches Grundgesetz. Im Kleinen spiegelt sich der Kosmos, das EINE wirkt im Vielen. *Yatha pinde tatha brahmande* heißt das in der Sprache der Veden – wie der Mensch, so das All. Der Mensch ist ein Epitom des Weltalls. Im Allerkleinsten schon findet sich das große Ganze. Die Schöpfung ist ein Hologramm. Das ist ganz logisch, denn ein Ausschnitt aus der Unendlichkeit muss selber unendlich sein. Im Grenzenlosen ist die Mitte überall. Kennt man den Menschen (also sich selbst), dann kennt man das All. Es sei in diesem Zusammenhang nochmals an Logion 3 erinnert. Dort sagt Yeshua: „Wenn ihr euch selbst erkennt, werdet ihr erkannt, und ihr werdet verstehen, dass ihr die Kinder des lebendigen Vaters seid."

Männlich und weiblich kommen aus *einer* Quelle. Yin und Yang sind beide aus dem Tao. Das Äußere der Schale existiert nur deshalb, weil es ein Inneres gibt. Kein Rad kann sich drehen ohne die im Zentrum ruhende Achse. Keine Musik gibt es, die nicht aus der Stille kommt, in die hinein sie wieder ausschwingen wird. Die Bewegung des Pendels erfolgt aus seinem Ruhepunkt. Dort sind wir Kind.

23

Yeshua sagte:
Ich werde euch auswählen, einen unter tausend und zwei unter zehntausend, und sie werden wie ein Einziger dastehen.

Wie der Sämann im neunten Spruch verbreitet Yeshua seine Botschaft. Aber nicht viele haben Ohren, um zu hören. Nur einer unter tausend versteht. Krishna formuliert die gleiche Idee in der *Bhagavad Gita*:

„Nur einer unter Tausenden strebt nach spiritueller Verwirklichung. Und selbst unter diesen ernsthaft Suchenden erreicht mich gerade mal ein Einziger.“[27]

So verhallt die tiefere Wirklichkeit hinter Yeshuas Worten: Auf Felsen wächst nichts, und im Dornengestrüpp können die Früchte nicht gedeihen. Manches mögen die Vögel fressen, doch unverständig tragen sie es weiter und scheiden es aus.

Was ist übrig geblieben von dem, was Yeshua einst sagte? Was machten die Menschen aus seiner Botschaft? Missioniererei, Mord und Totschlag. Inquisition, Kreuzzüge und Krieg. Politik und Kirchensteuer. Yeshua wollte uns an unser inneres Licht erinnern. Seit Jahrtausenden wird er jeden Tag aufs Neue gekreuzigt. Doch die Wenigen, die hören, erkennen die Einheit des Seins. So werden sie wie ein Einziger dastehen.

24

Seine Schüler sagten:
Zeige uns den Ort, an dem du bist. Wir müssen ihn suchen.

Er sagte zu ihnen:
Wer Ohren hat, soll hören. Es ist Licht in einem Menschen des Lichtes, und es leuchtet auf die ganze Welt. Wenn es nicht leuchtet, ist es dunkel.

Energie ist Schwingung. Licht und Klang. Energie ist Leben. Das Wort und das Licht, diese unerschöpflichen Quellen, sind viel mehr als nur Bilder oder Metaphern. Sie sind erfahrbar. Spirituelle Erfahrungen, so unbeschreiblich sie oft sind, wurden immer wieder als Klang- und Lichterfahrungen beschrieben. Die Yogis suchen das Licht, jene Energie, die dem reinen Bewusstsein entströmt, im Augenbrauen-Chakra oder im Herzen.

Das Licht hat so viele Dimensionen: Das Licht des Geistes oder der Liebe; das Licht der Bewusstheit und Ausrichtung, der Klarheit und Lauterkeit; das Licht der Erkenntnis, welches das Dunkel erhellt. Und das Wort verkündet Wahrheit. Wo Hören und Sehen uns vergangen sind, da bringen das Licht und das Wort sie uns wieder. Blinde werden sehend, und Taube hören wieder. Wort und Licht wirken das Wunder der Heilung.

Laotse empfiehlt diese Übung für ein lichthaftes Leben:

„Hab Vertrauen.
Folge deinem eigenen Licht.
Sei aufmerksam.
In den dunkelsten Nächten wirst du nicht stolpern.
An den hellsten Tagen wirst du nicht blinzeln.
Dies nennt man ‚Die Übung des Ewigen Lichtes'.“[28]

25

Yeshua sagte:
Liebt euren Bruder wie eure Seele.
Schützt diesen Menschen wie euren Augapfel.

Gegründet in die „Übung des Ewigen Lichtes“, wissend um die Lichtnatur eines jeden Wesens, achten wir den Nächsten wie uns selbst. Das Licht der Bewusstheit, das unser eigenes Selbst ist, ist auch das Licht, das als Selbst in unseren Brüdern und Schwestern strahlt.

Mit eigenen Augen sehe ich, dass Glück und Schmerz in allen Wesen sich entfalten. Schmerz und Angst sind Grundtatsachen meiner biologischen Existenz. Wenn ich den Schmerz der Welt schon nicht lindern kann, so bemühe ich mich doch wenigstens, ihn nicht noch zu vergrößern. Das ist ein Akt der Liebe.

Die Liebe, wie Yeshua sie versteht, drückt sich nicht so sehr durch die „spezielle Liebe“ aus, die wir für einen bestimmten Menschen empfinden. Natürlich ist das auch Liebe, doch sie ist selektiv, an Bedingungen geknüpft und begrenzt. Yeshuas Liebe drückt sich vor allem durch *Mitgefühl* aus, eine Geistesqualität, die keine Bedingungen stellt. Genau das sagt auch das aramäische Wort für *Liebe* aus: Es heißt *Rehem* und leitet sich ab vom hebräischen Wort für den Schoß der Mutter. Etymologisch transportiert es die Idee einer aus unserem tiefsten Inneren sich ausgießenden Energie aus Licht und Wärme.[29] *Rehem* sollen wir für das Höchste ebenso empfinden wie für unseren Nächsten, in welchem das Höchste strahlt wie in uns. So vereinen sich in *Rehem* Gottes-, Selbst- und Nächstenliebe in einer einzigen Kraft: Wenn alles, was ist, Teil eines Ganzen ist, so sind am Ende alle Wesen mir so nahe wie meine Seele und Gott. Im *Markus-Evangelium* lesen wir:

> *„Du sollst den Herrn, deinen Gott, lieben mit ganzem Herzen und mit ganzer Seele und mit ganzem Geist und mit aller Kraft. Dies ist das wichtigste Gebot. Und das zweite lautet: Du sollst deinen Nächsten lieben wie dich selbst. Kein Gebot ist wichtiger als diese beiden.“ (Mk 12,30–31)*

Für Yeshua waren diese Prinzipien kein lebensfremdes Wunschdenken, sondern unmittelbar gelebte Praxis. Er ging zu den Aussätzigen und heilte die Kranken. Für eine Prostituierte riskierte er sein Leben. Weil er den Menschen das Wort und das Licht – die einende Wahrheit *Rehems* und dessen Kraft – bringen wollte, töteten sie ihn.

Als Mystiker lebte es sich gefährlich in diesen Zeiten. Das stellt diesen Spruch zusätzlich in ein noch konkreteres Licht. Es mag auch ein Aufruf an seine Schüler sein, aufeinander achtzugeben und füreinander einzustehen – im gemeinsamen Ringen mit den inneren Widerständen ebenso wie im Hinblick auf die Feinde im Äußeren: Die Pharisäer, Gelehrten, Mächtigen …

26

Yeshua sagte:
Ihr seht den Splitter im Auge eures Bruders, aber nicht den Balken in eurem eigenen Auge.

Wenn ihr den Balken aus eurem eigenen Auge nehmt, dann werdet ihr klar (genug) sehen, um den Splitter aus dem Auge eures Bruders zu ziehen.

„Wer frei von Schuld ist, der werfe den ersten Stein."

Menschen verurteilen nur zu gerne ihren Nächsten. Doch sind die Dinge tatsächlich immer so, wie wir sie wahrnehmen? Wissen wir sicher, was andere zu ihrem Tun bewegt?

Wie fein unsere Sinne auch sind, sie sind begrenzt. Wie groß auch unser Wissen sein mag, es ist niemals umfassend. Nicht einmal einfachste Erfahrungen können wir wirklich teilen, denn was wir sehen, sehen wir immer nur mit *unseren* Augen, niemals mit denen des anderen.

Der Balken im eigenen Auge – er erinnert uns daran, dass wir uns um uns selber kümmern müssen. Es ist besser, ein Licht anzuzünden, als über die Dunkelheit zu klagen, sagt ein Sprichwort. Besser ist es ebenso, unseren eigenen Geist zu reinigen und zu versuchen, gute Menschen zu werden, als über andere den Stab zu brechen. *Wer im Glashaus sitzt … vor der eigenen Haustüre kehren … wer ohne Schuld ist, der werfe den ersten Stein …* An uns selbst zu arbeiten, hilft uns selbst und damit all jenen, die mit uns in Verbindung stehen. Verurteilungen helfen niemandem.

27

Wenn ihr nicht fastet im Blick auf die Welt, werdet ihr das Königreich nicht finden.

Wenn ihr nicht den Sabbath als Sabbath achtet, werdet ihr den Vater nicht sehen.

Wir können uns noch so sehr in Geschäftigkeit verlieren; doch die Wirklichkeit, der große Fisch, sagt Yeshua, wird sich so nicht finden lassen. Die Welt kann uns niemals zufrieden stellen. „Keinen größeren Fluch gibt es als das Habenwollen“, sagt das *Tao Te King,* und „keine Tragödie ist größer als die Unzufriedenheit.“[30] Das Fasten, wie Yeshua es hier meint, nennt man in Indien *Vairagya,* das Loslassen oder die Nicht-Anhaftung. Es ist eine Qualität, die allein aus dem Geist kommt und unendlich viele Facetten hat. Alles müssen wir am Ende loslassen. Sogar unser Leben.

Das Fasten im Blick auf die Welt können wir aber auch als sehr konkreten Hinweis auf unsere spirituelle Praxis verstehen: Wenn wir in die Meditation gehen, dann lösen wir unsere Sinne von der Welt, wie eine Schildkröte, die ihre Glieder einzieht, ein Bild, das Krishna in der *Bhagavad Gita* verwendet. Erst in dieser inneren Stille können wir das Wort hören; und nur vor der samtenen Dunkelheit unseres inneren Raumes können wir das Licht sehen. Das Fasten ist nur ein anderes Wort für die Umkehr, die Neuausrichtung unseres Geistes und Erweiterung unseres Bewusstseins.

28

Yeshua sagte:
Ich stellte mich mitten in die Welt, und in Fleisch erschien ich ihnen. Ich fand sie alle betrunken, keinen von ihnen fand ich durstig.

Meine Seele schmerzte wegen der Menschenkinder, weil sie blind sind in ihren Herzen und nicht sehen, denn sie kamen leer in die Welt, und leer werden sie sie verlassen.

Jetzt sind sie betrunken. Wenn sie ihren Wein abschütteln, werden sie bereuen.

Es gibt zwei Arten echter Weisheitslehrer. Erstere sind die *Khanda-Avatare,* das heißt wörtlich: Teil-Avatare. Ihre Entwicklung ist noch nicht abgeschlossen. Doch sie sind rein genug, als „Stimmen Gottes“ zu wirken, indem sie sein Wort in sich vernehmen und es an die anderen Menschen weitergeben. Sie sind Mittler zwischen dem Menschen und dem Höchsten.

Krishna, Buddha oder Yeshua aber sind *Purna-Avatare,* befreite Wesen, die vollkommen eins sind mit Gott, wie Paramahansa Yogananda (1893–1952) erklärt, jener Mann, dessen *Autobiographie eines Yogi* weltweite Berühmtheit erlangte. „*Purna-Avatare* kehren zur Erde zurück, um eine Mission zu erfüllen, die Gott angeordnet hat.“[31]

Über diese Mission haben wir im Zusammenhang mit Logion 12 schon gesprochen: Sie meint das Erfüllen der Gesetze der Propheten, wie Yeshua es formuliert, oder, mit Krishna gesagt, das Wieder-Errichten des ewigen kosmischen *Dharma.* Krishna und Yeshua kamen in die Welt, um uns *Sanatana Dharma,* die Ewige Wahrheit, zu bringen.

Doch Lichtbringer werden nicht immer als solche erkannt. Irgendwie braucht es doch ein Auge, um Licht zu sehen, denn „wär' nicht das Auge sonnenhaft, die Sonne könnt' es nie erblicken“, wie Goethe es so treffend formulierte. Was uns unvorstellbar erscheint, das wollen oder können wir nicht sehen. Und wenn wir es doch sehen, dann wollen wir es oft nicht wahrhaben. So erging es Yeshua. So erging es auch Krishna. Deshalb sagt er zu seinem Schüler:

> *„Die Dummen denken, ich sei körperlich, und erkennen nicht meine wahre und höchste Natur (…). Ich bin ungeboren und unsterblich, doch diese irrende Welt erkennt mich nicht.“*[32]

„Er war in der Welt“, so lesen wir im Prolog des *Johannes-Evangeliums“,* doch „die Welt hat ihn nicht erkannt“ (Joh 1.10). Kaum einer also erkannte Yeshua, weil nur wenige den Sinn und die Bereitschaft dafür hatten. Die meisten Menschen sind verzettelt in ihre Geschäftigkeit und sinnestrunken von den Erfahrungen in der Welt. Ein Rausch der Illusionen.

Der Tag wird kommen, sagt Yeshua, da wir nüchtern werden. Das ist oft dann der Fall, wenn uns die Welt mehr als Straflager denn als Vergnügungspark erscheint. Es ist der Schmerz, der uns den „Wein abschütteln" lässt. Dann bereuen wir, dass wir so viel Zeit unseres Lebens auf Dinge verschwendet haben, die uns von unserer Essenz entfernt haben. Dennoch ist dies auch eine Zeit des Segens und der Gnade, denn wir beginnen, nach einem Ausweg zu suchen, und entwickeln einen Sinn für die Avatare und die Bereitschaft, ihnen zuzuhören. So wird die Reue zur Umkehr. Und eben das ist auch die Bedeutung des aramäischen Wortes *Tab*, das Reue bedeutet: Es meint heimkehren, wiederkommen, zurückfließen.

29

Yeshua sagte:
Wenn das Fleisch wurde wegen des Geistes, dann ist das ein Wunder, aber wenn der Geist wurde wegen des Fleisches, dann ist das ein Wunder der Wunder.
Doch das größte unter den Wundern ist dies: Wie nur kam dieser große Reichtum dazu, in dieser Armut zu wohnen?

Diese wenigen Worte reißen ein Thema an, über das man ganze Bücher füllen könnte. Ich will dennoch versuchen, in wenigen Zeilen das Feld anzudeuten, welches Yeshua hier betritt. Er thematisiert eine Frage, die bis heute ungeklärt geblieben ist, wenn sie auch im Stile des wissenschaftlichen Dogmas eine vorläufige, unbefriedigende Beantwortung gefunden hat. Diese Frage lautet: *Woher kommt der Geist oder unser Bewusstsein?* Darin verborgen stecken weitere Fragen, zum Beispiel, was Bewusstsein überhaupt ist und in welchem Verhältnis es zur Materie steht.

Die orthodoxe Wissenschaft von heute betrachtet die Materie als Grundlage allen Seins. Alles, so behauptet sie, sei aus Körpern oder Bausteinen aufgebaut, angefangen bei den subatomaren Partikeln bis hin zu den großen Himmelskörpern. Bewusstsein betrachtet sie dabei als eine Art Nebenprodukt der Materie: Wenn materielle Abläufe hinreichend komplex seien, dann trete Geist in Erscheinung. Was aber Geist ist, kann sie nicht sagen, und wie er entsteht, ebenso wenig. Deshalb sind ihr Bewusstseinsphänomene nichts anderes als die im Grunde illusorische Nebenwirkung physiologischer oder materieller Vorgänge. Aus der Materie also, sagt die Wissenschaft, entspringt der Geist, wenn man so will, als ein Kollateralschaden des Physischen.

Der Auffassung, dass Bewusstsein sich aus dem Fleisch erheben könnte, erteilt Yeshua eine klare Absage, wenn er sagt, dass, wäre dem wirklich so, dies ein „Wunder der Wunder" sein müsse – mit anderen Worten: Unsinn. Allein die Tatsache, dass er überhaupt dieser Frage nachgeht, „offenbart, dass er das Bewusstsein an den Anfang der Karawane der Schöpfung am Beginn der Zeit gestellt hat".[33]

Yeshua plädiert für ein echtes (realistisches) Wunder, nämlich dafür, dass allem Sein – auch dem Materiellen – das Prinzip des Bewusstseins vorausgehen muss: Die Vielheit der Schöpfung ist eine Manifestation eines gemeinsamen Urgrundes, den wir auch *reines Bewusstsein* nennen könnten. Yeshua argumentiert damit ganz in der Logik der Mystik, die an den nicht-zeitlichen und nicht-örtlichen Anfang von allem das Bewusstsein stellt, dessen Energie die Dynamik der Schöpfung in Gang setzt und vorantreibt: Aus dem Tao kommen Yin und Yang und aus diesen alles andere. Das Spiel von Shiva und Shakti erschafft die Vielfalt des Kosmos. Gott sagt: „Es werde!"

Bewusstsein ist Energie, und Energie kennt zahllose Erscheinungsformen. Sie entwickelt und verdichtet sich in der Evolution vom unendlichen Potenzial der Formlosigkeit, dessen Symbol das

(Ur-)Wasser ist, über die Feinstofflichkeit individuellen Bewusstseins (Wahrnehmungen, Gedanken, Gefühle) hin zur grobstofflichen Materie. Dies ist das wirkliche Wunder, das Yeshua im ersten Satz dieses Logions anspricht: Alles, was ist, kommt aus dem Geist. „Die Vielheit ist bloßer Schein", schrieb der Quantenphysiker und Nobelpreisträger Erwin Schrödinger (1887–1961), denn „in Wahrheit gibt es nur *ein* Bewusstsein."[34]

Aber eine Frage bleibt auch dann noch unbeantwortet: Warum ist das so? Warum „geht der Geist ins Fleisch", inkarniert sich in diese Welt, in der Freud und Leid immer Hand in Hand gehen? Warum tut Gott sich und uns, die wir seine Geschöpfe sind, das an? Warum nur begibt absolutes Bewusstsein sich in diesen engen, dichten, trägen und festen Käfig der Materie? Yeshua fragt: „Wie nur kam dieser große Reichtum dazu, in dieser Armut zu wohnen?" Nicht einmal er selbst kennt darauf die Antwort. Kein Weiser kannte sie jemals. Keine spirituelle Tradition hat darauf eine Antwort gefunden. Und auch kein Wissenschaftler vermag dazu etwas zu sagen. Das *Warum* ist das größte aller Mysterien. Laotse dichtet über das geheimnisvolle Wunder des Seins:

> *„Das Tao und die Welt scheinen verschieden, doch in Wahrheit sind sie ein und dasselbe. Der einzige Unterschied liegt darin, wie wir sie benennen. Wie tief und geheimnisvoll ist diese Einheit, wie grundlegend, wie großartig! Sie ist die Wahrheit jenseits der Wahrheit, das Verborgene im Verborgenen. Sie ist der Weg zu jedem Wunder, das Tor zur Essenz von allem."*[35]

Yeshua in der Meditation

30

Yeshua sagte:
Wo drei Götter sind, sind sie Götter.
Wo zwei sind oder einer, bin ich mit ihm.

Yeshua, so viel dürfte aus den vorausgegangenen Sprüchen deutlich geworden sein, geht es um den *Menschen*. Die Verehrung von Göttern, der Besuch von Gottesdiensten, Rituale, alles Kultische überhaupt, ist seine Sache nicht. Es die Haltung des Mytikers, der weiß, dass das Königreich in uns selber liegt. Götter sind Götter, mag er uns sagen, drei, vier oder vierzigtausend, so wie ein Stein eben ein Stein ist oder eine Rose eine Rose. Die Bilder, die wir uns von den Göttern machen, „sind alle leblos", sagt der indische Mystiker Kabir (1440–1518), „sie können nicht sprechen". Und mit der authentischen Überzeugungskraft eines Menschen, dessen Wissen der persönlichen Erfahrung entspringt, ergänzt er: „Ich weiß das, denn ich habe sie laut angerufen."[36]

Yeshuas Platz ist nicht bei den von Menschen gemachten Göttern, Bildern oder Schriften, sondern *bei den Menschen selbst,* um ihnen zu sagen, dass sie das Götter-Machen endlich aufhören können, weil es sie nicht heimführen kann. Die Götter mögen sie trösten, doch eigentlich sind sie nur eine Betäubung. Sollen wir den Wein nicht vielmehr abschütteln, also umkehren und nach innen schauen? Yeshua erklärt in der Bergpredigt, wie wir das tun können:

> *„Wenn du aber betest, gehe in dein Zimmer und schließe die Tür und bete zu deinem Vater, der im Verborgenen ist. Und dein Vater, der ins Verborgene sieht, wird es dir offen vergelten." (Mt 6,6)*

Dieses Zimmer mag ein Ort bei uns zu Hause sein, eine Ecke vielleicht nur, mit der wir *Raum schaffen,* uns dem Heiligen zu öffnen. Doch der eigentliche Raum für das Heilige ist die Kammer unseres Herzens, die Zeit, die wir dort verbringen, und die Hingabe, mit der wir das tun.

31

Yeshua sagte:
Ein Prophet wird nicht in seiner Heimatstadt akzeptiert.
Ein Arzt heilt nicht die, die ihn kennen.

Wer legt sich schon mit einem guten Gefühl unters Messer, wenn er den Chirurgen, dessen Hand es führt, von Kindesbeinen an kennt? Wenn er ihn aufwachsen sah, mit ihm gelacht, gestritten oder vielleicht sogar manchen Rausch nach Hause getragen hat, wenn er also um die Schwächen und Defizite dieses Menschen weiß? Unsere Nächsten gelten uns nicht unbedingt als die Ersten, deren Rat wir einholen würden. Wir sind ihnen so nah – im Guten wie im Schlechten –, dass wir den Rat nicht unabhängig von der Person, die ihn ausspricht, sehen und bewerten können. Unsere mentalen Filter und Schubladen wirken bei allem, was wir gut zu kennen glauben, besonders stark. Was wir einmal eingeordnet und „abgestempelt" haben, das sehen wir nicht mehr mit Kinderaugen.

Stellen wir uns vor, unser Nachbar sagte: „Ich habe Gott gesehen!" Würden wir ihm glauben können? Oder würden wir über ihn lachen, ihn kritisieren – oder gleich den Krankenwagen rufen? Würden wir das Heilige erkennen, wenn es direkt vor unseren Augen stünde?

Wenn auch nur ein kleiner Teil dessen wahr ist, was wir im *Kindheitsevangelium des Thomas* lesen können, eine der so genannten *apokryphen* (nicht von der offiziellen Kirche anerkannten) Schriften, dann war Yeshua schon als Kind paranormal veranlagt. Einmal, so heißt es, formte er aus Lehm zwölf Sperlinge am Sabbat, ein Tag, an welchem derlei Aktivitäten untersagt waren. Als sein Vater Yauseph* ihn zurechtweisen wollte, klatschte der kleine Yeshua in die Hände und schrie den Sperlingen zu: „Fort mit euch!" Dann öffneten sie ihre Flügel „und flogen mit Geschrei davon".[37]

Yeshua konnte als Kind recht ungehobelt sein. Er war besserwisserisch und frech, manchmal geradezu tyrannisch. Einmal, so erzählt das *Kindheitsevangelium*, ging er so weit, den Sohn eines Schriftgelehrten „verdorren" (das meint: rasend schnell altern) zu lassen, weil er ihn für einen Dummkopf hielt. Andere ließ er erblinden, weil sie „ihre Strafe tragen" müssten. Yauseph war schockiert und herrschte seinen Sohn an: „Warum tust du solche Dinge, dass diese Leute leiden müssen, uns hassen und verfolgen?"[38]

---

* Joseph

„Jedes Wort, das er redete", so heißt es, „ob gut oder böse, war eine Tat und wurde zum Wunder."[39] Anders ausgedrückt: Es wurde wahr, was er dachte und sagte. Yeshua hatte offensichtlich die mentale Kraft, Dinge zu manifestieren. Die Kraft des Geistes geht dem Physischen voraus. *Mind over matter.* Das alles erinnert an den jungen Krishna, der seinen Mitmenschen ebenfalls Streiche über Streiche spielte. Krishnakind – Christuskind. Könnte so ein Balg jemals als Heiliger oder Prophet akzeptiert werden? Als Weiser oder Erleuchteter? Gar als Gottes Sohn?

Ein Prophet wird nicht in seiner Heimatstadt akzeptiert. Yeshua stimmt seine Schüler mit diesem Logion schlicht auf ein bekanntes psychologisches Phänomen ein: Gerade eure Nächsten werden euch am wenigsten folgen. Das ist ganz normal. Macht euch darüber nicht zu viele Gedanken.

32

Yeshua sagte:
Eine Stadt, die auf einem hohen Hügel gebaut und befestigt ist, kann nicht fallen, noch kann sie versteckt werden.

33

Yeshua sagte:
Was ihr mit eurem Ohr hört, tut kund von euren Dächern dem anderen Ohr. Keiner entzündet eine Lampe und stellt sie unter einen Korb und auch nicht an einen verborgenen Ort. Vielmehr stellt man sie auf einen Leuchter, so dass alle, die kommen und gehen, ihr Licht sehen werden.

Logion 32 und 33 spielen mit demselben Thema. Wenn einer seiner Essenz begegnet ist, wird er damit nicht hinter dem Berg halten können. Er wird vielmehr zum Lichtbringer auch für die anderen und gibt weiter, was er gesehen und gehört hat, so wie Laotse, Krishna, Buddha, Patanjali, Yeshua, Kabir und unzählige bekannte oder namenlose andere. Sie hielten nicht hinter dem sprichwörtlichen Berg mit ihren Erkenntnissen, sondern brachten sie „dem anderen Ohr", erzählten also den Leuten, was sie erfahren hatten, oft unter Einsatz ihres Lebens.

Das Sehen oder Hören dürfen wir ganz im Sinne von *Shruti* verstehen, das heißt im Sanskrit: *gehört.* Das meint keine intellektuelle Lehre, noch viel weniger Gerüchte oder bloße Meinung, sondern *offenbartes* Wissen, wie es die alten Rishis oder Seher in der Selbsterforschung erlangten und in den Upanishaden niederschrieben. Wenn du dein Licht gefunden hast, stelle es nicht unter den Scheffel, sondern werde zum Licht für die anderen. Werde ein Prophet im eigentlichen Sinne des Wortes – ein Sprachrohr und Botschafter des Höchsten.

34

Yeshua sagte:
Wenn ein Blinder einen Blinden führt, werden beide in eine Grube fallen.

Wer nicht aus eigener Erfahrung schöpfen kann, wenn er andere anleitet, wenn er also selber nichts von dem spürt, was er sagt, fällt zusammen mit seinem Schüler in die Grube. Seid also vorsichtig, mahnt Yeshua, und passt auf, wem ihr folgt. Ist euer Führer blind, so werdet ihr nicht weit kommen.

Der beste Lehrer ist der Lehrer unseres Herzens. Eigentlich ist es sogar der einzig mögliche, weil nur ich meinen Weg gehen kann.

Der Schweizer Psychiater Carl Gustav Jung (1875–1955) schrieb in sein lange verborgen gebliebenes Werk, das er das „Rote Buch" nannte – ein geradezu monumentales und zutiefst spirituelles Werk reiner Introspektion, an dem er sechzehn Jahre lang arbeitete – diesen Satz, der sich gut in unseren Kontext fügt:

„Denn Gelehrsamkeit allein genügt nicht; es gibt ein Wissen des Herzens, das tiefere Aufschlüsse gibt. Das Wissen des Herzens ist in keinem Buche und in keines Lehrers Munde zu finden, sondern es wächst aus dir, wie das grüne Korn aus schwarzer Erde."[40]

35

Yeshua sagte:
Du kannst nicht das Haus des Starken betreten und es mit Gewalt einnehmen, ohne die Hand seines Eigentümers zu fesseln. Dann erst kannst du das Haus umstürzen.

Fast jeder kennt den *Pawlowschen Hund.* Er bekam seinen Namen vom russischen Mediziner und Forscher Iwan Petrowitsch Pawlow (1849–1936), der immer dann, wenn er seinem Hund das Essen gab, eine Glocke läutete. Nach einiger Zeit genügte das Läuten der Glocke, um beim Hund den Speichelfluss auszulösen. Sein Geist wurde so konditioniert, dass er reflexartig auf diesen Reiz reagierte.

Wir sind in vielerlei Hinsicht wie Pawlowsche Hunde. Die Konditionierungen unseres Geistes sind unzählig und mächtig. Im Yoga nennt man sie *Vasanas*, unsere vorwiegend unbewussten, tief sitzenden Gewohnheiten, Neigungen und Überzeugungen. Sie sind wie Rillen auf einer Schallplatte, in die sich jederzeit die Nadel unseres Geistes setzen kann, um das immer gleiche Lied zu spielen.

Kennt nicht jeder das „Push-the-Button"-Phänomen? Ein Wort nur, ein Blick, eine Geste, ein Gedanke oder auch nur das harmlose Klingeln des Telefons können schon genügen, um Ängste, Ärger, negative Gefühle, Druck und Stress – mit anderen Worten: Leid – auszulösen. Jeder hat seine eigenen Knöpfe, die man nur drücken muss, um einen Pawlowschen Reflex auszulösen.

Je mehr unsere Reaktionen auf Konditionierung beruhen, desto mehr sind wir Automaten, unbewusst und unfrei. Der russische Mystiker Georges I. Gurdjieff (1866–1949), übrigens ein Zeitgenosse Pawlows, sprach von der *Mechanisiertheit* des Menschen, „vollständig eine Maschine" sei er, „besonders in dem Bewusstseinszustand, in dem wir uns befinden. [41] Und dass wir dabei auch noch denken, wach zu sein, mache uns nur noch mechanischer. "

„Ein mechanisches Gerät", schrieb der polnische Mystiker Baron Eugene Fersen, dem seine Mutter den Beinamen *Svetozar* oder *Lichtträger* gab, „trägt keine Liebe in sich. Es ist nur kalter Geist, der sich durch die materielle Manifestation bewegt."[42] Unachtsamkeit und Lieblosigkeit gehen Hand in Hand.

Um nochmals das Bild vom Kind aus Logion 4 aufzugreifen: Wir haben den Zustand des siebten Tages verloren. Dabei merken wir es noch nicht einmal, weil uns die Bewusstheit dafür fehlt. Unzählige Konditionierungen trüben unseren klaren Blick auf die Welt und färben unsere Handlungen, doch wir sind dessen nicht gewahr. Wir sind Sklaven unseres Geistes statt Herren im Haus.

Und damit kommen wir zum Bild aus diesem Logion: Es ist natürlich unser Geist, von dem Yeshua spricht, der Geist, der automatisch funktioniert und zu allem Überfluss auch noch vom Ego – „dem Starken" – beherrscht wird. Es sorgt immer wieder dafür, dass die Nadel in die passenden Rillen der Schallplatte gesetzt wird. Das Ego tut alles, um sich abzusichern, sich aufzublähen und zu wachsen.

Den Geist von seinen Trübungen zu klären und den Löwen zu besiegen: Dafür steht das Bild vom Fesseln des Eigentümers und vom Umstürzen des Hauses. Wenn wir das ganze mentale Gerümpel entfernen, das uns den Blick auf unsere Tiefe versperrt, wenn wir die Rollen, die wir spielen, und die Masken, die wir tragen, als solche erkennen, dann sind wir auf dem Weg, uns selber zu befreien. Selbststudium ist unabdingbar, und das meint vor allen anderen Dingen *Selbstbeobachtung.* Hinschauen. Wachehalten. Dann stürzt ein, was nicht auf festen Fundamenten ruht. *Haka santaku* sagt man dazu im Zen, das heißt: „Das Haus ist eingestürzt, die Wohnung zerstört." Freier Blick auf den Horizont.

36

Yeshua sagte:
Sorgt euch nicht von morgens bis abends und von abends bis morgens, was ihr anziehen werdet.

Diese Botschaft ist leicht zu verstehen, doch schwer zu leben. Wie trete ich in den gegenwärtigen Moment ein, frei von Gestern und Morgen? Mit Gurdjieff gesagt, geht das nur durch eine „Umwandlung aller Werte".[43] Das erinnert uns an *Metanoia,* den Wechsel der Perspektive oder die Neu-Ausrichtung des Geistes. Ausrichtung worauf? Auf Brahman, sagt Krishna. In Yeshuas Worten: „Sucht zuerst Alahas Königreich und seine Gerechtigkeit." (Mt 6,33)

Alaha wird in unsere Sprache als Gott übersetzt. Wie eng das aramäische *Alaha* und das arabische *Allah* doch beieinander liegen.* *Alaha* ist mit *Elohim,* dem hebräischen Wort für Gott, verwandt. *Elohim* ist die Mehrzahl von *El*, das in der femininen Form *Elat* heißt. *El* und *Elat* sind wie *Shiva* und *Shakti,* Bewusstsein und Energie, Gott und sein Wort, oder die zwei Pole des einen Seins. Darauf sollen wir uns ausrichten. Der Weisheitslehrer Jiddu Krish-

* Nur am Rande sei hier erwähnt, dass kein Prophet im Koran öfter erwähnt wird als Yeshua – und dies ausschließlich positiv.

namurti (1895–1986) gibt uns diesen Rat, um in die *Gegenwärtigkeit* einzutreten:

> *„Es gibt so viele Einflüsse und Zwänge, die ununterbrochen auf Kopf und Herz einwirken, mach sie dir bewusst; geh hindurch und lass dich nicht von ihnen versklaven. Sei wach, sei wie eine Flamme.“*[44]

Die Flamme ist *Buddhi,* das innere Licht unserer Bewusstheit. Wir sollen es anzünden und hüten. Achtsamkeit stürzt das Haus um. Der Rest, sagt Yeshua, wird uns dann gegeben werden. (Mt 6,32)

37

Seine Schüler fragten:
Wann wirst du uns erscheinen und wann werden wir dich sehen?

Yeshua sagte:
Wenn ihr euch auszieht, ohne euch zu schämen, und eure Kleider nehmt und sie unter eure Füße legt wie kleine Kinder und darauf trampelt, dann werdet ihr das Kind des Lebendigen sehen, und ihr werdet euch nicht fürchten.

Yeshuas Schüler warten auf eine „Erscheinung“ oder auf Wundertaten, auf ein *äußeres* Zeichen, dass Yeshua ein Lichtbringer ist. Noch heute hoffen ja viele darauf, dass der „Sohn Gottes“ als physische Lichtgestalt, begleitet von Blitzgewittern, Engeln, Posaunen und Trompeten, vom Himmel herabsteigt, wie im *Neuen Testament* angekündigt.[45] (Ein Mystiker würde eher an die Licht- und Klangerfahrungen denken, die man in tiefer Meditation erleben kann.)

Der Meister antwortet wieder mit dem Bild des Kindes. Frei von anerzogener Scham und ohne Verstellung ist es einfach nur, was es ist: Ein spielendes und lachendes Wesen, verwurzelt in der Gegenwart – spontan und authentisch. Auch Meister Eckhart benutzt das Bild des Kindes, wenn er uns aufruft, allen Schmerz loszulassen, „auf dass in deinem Herzen nichts als stetige Freude sei. Dann ist das Kind geboren."[46]

Wie ein Kind mit dem Leben zu fließen, das bedeutet auch, den Körper ohne Kampf loszulassen, wenn es so weit ist. *Die Kleider ausziehen* – wie sehr das doch an Krishna erinnert, der den physischen Tod mit dem Ablegen eines Mantels vergleicht:

> *„Wie man einen alten Mantel ablegt, um einen neuen anzuziehen, so legt das, was in uns wohnt, den alten Körper ab und geht ein in einen neuen."*[47]

Wenn wir das auf leichte Weise tun können, dann sterben wir einen guten Tod, wissend, dass unsere Essenz der Natur zurückgibt, was sie sich nur vorübergehend geborgt hat, um sich physisch darin auszudrücken – ein Gefährt nur, das wir nutzen, *nicht aber sind.* Wenn wir es so sehen können, dann verliert das Ende, das kein Ende ist, etwas von seinem Schrecken.

38

Yeshua sagte:
Oft habt ihr gewünscht, die Worte zu hören, die ich euch sage, und ihr habt keinen anderen, von dem ihr sie hören könnt. Es werden Tage kommen, da ihr mich sucht, und ihr werdet mich nicht finden.

Man kann das so gut nachvollziehen. Die Schüler wollen ihren Lehrer behalten. Aber Yeshua, als physisches Wesen, wird gehen müssen. Auch Avatare leben nicht ewig unter uns. Krishna starb durch einen Pfeil. Buddha aß verdorbenes Essen. Yeshua starb am Kreuz. Körper vergehen. So hat der Kosmos es eingerichtet.

Ob Yaakov, der Gerechte, Yeshua jemals ersetzen kann (Logion 12), mögen die Apostel sich fragen. Sicher zweifeln einige daran. Doch selbst wenn der Meister ewig bleiben könnte, seine Schüler können das nicht. Der Tod wird sie holen. Und wenn die Geschichten, welche man uns erzählt, zutreffen, sollten alle Apostel außer Johannes einen qualvollen Tod sterben: Sie wurden geköpft, gekreuzigt, gesteinigt, erstochen, erschlagen, gehäutet und in Öl gekocht.

Die Erzählungen rund um das Christentum haben immer wieder einen Hang zur exzessiven Qual. Das *Vierte Buch der Makkabäer* zum Beispiel, eine apokryphe Schrift, beschreibt in ausgedehnten Passagen *en detail* Folterungen, die jede cineastische Vision in den Schatten stellen. Die Gemarterten, so erzählt die Geschichte, waren äußerst fromm und gingen leichten Herzens vor den Augen ihrer Mutter in den Märtyrertod – bis zum Schluss sich bekennend zu ihrem Glauben an den Christengott. Yeshua lehrt jedoch nicht den Glauben, sondern den Weg zu *Erfahrung* und *Verwirklichung*. Zu innerer Freiheit sollen die Menschen finden, so wie Toma, der keinen Lehrer mehr braucht (Logion 13). Wenn der Meister geht, wird der Schüler auf dem Weg bleiben.

39

Yeshua sagte:
Die Pharisäer und die Gelehrten haben die Schlüssel des Wissens an sich genommen und haben sie versteckt. Sie sind nicht hineingegangen, noch haben sie jenen erlaubt, hineinzugehen, die hineingehen wollen.

Seid schlau wie Schlangen und unschuldig wie Tauben.

Es sind Äußerungen wie diese, mit welchen Yeshua die Machthaber gegen sich aufbrachte. Er war ein Revolutionär nicht nur des Geistes, sondern stellte sich ganz offen gegen die religiös-politischen Unterdrücker seiner Zeit. Die Gelehrten wissen, dass der Weg zu Gott ein innerer ist, sagt Yeshua, ein Weg, bei dem es um die Entfaltung von Bewusstsheit und die De-Konditionierung des Geistes geht. Doch in Kirchen, Tempeln und Synagogen wird anderes gelehrt. Die Schlüssel des Wissens hat man versteckt.

Machtversessen legt man den Menschen nahe, an einen äußeren Gott zu glauben und äußere Regeln zu befolgen. Sonst droht ihnen die Bestrafung in der *Schlucht von Hinnom* oder *Gehenna,* wie das aramäische Wort für *Hölle* heißt. Lange Zeit war es unter Androhung der Todesstrafe verboten, die Bibel in nicht-lateinischer Sprache zu lesen. Das sicherte den Gelehrten die Deutungshoheit und damit die Blindheit der Menschen. Der englische Priester William Tyndale wurde 1536 auf dem Scheiterhaufen verbrannt, weil er es wagte, die lateinische Bibel in seine Muttersprache zu übersetzen.

In diesen Zeiten war Yeshuas Botschaft brandgefährlich. Er rät deshalb zur Vorsicht: Überlege dir, was du zu wem sagst. Mit engstirnigen Menschen spricht man besser nicht über den WEG. Das wusste auch jener anonym gebliebene christliche Mystiker sehr gut, der im 14. Jahrhundert *Die Wolke des Nichtwissens* verfasste. Das ist ein Werk über die Meditation, deren Ziel die *unio mystica* ist, die Vereinigung der Seele mit dem Höchsten, oder in der Sprache der Veden: Die Verbindung von Atman und Brahman, der Zustand des Yoga. Dieser Anonymus aus England also schreibt im Vorwort seines Buches ziemlich undiplomatisch:

> *„Ich wünsche mir, dass sinnliche Schwätzer, Leute, die sich öffentlich selbst oder andere loben oder tadeln, Lästerzungen und Neuigkeitenkrämer sowie alle Arten von Nörglern dieses Buch nie zu Gesicht bekämen. Denn nie war es mein Bestreben, für sie solche Dinge zu schreiben. Deshalb wünsche ich nicht, dass sie oder irgendjemand von diesen wissbegierigen, gelehrten oder auch ungebildeten Leuten sich damit zu schaffen machen.“*[48]

Seid schlau wie die Schlangen – Erfasst die innere Botschaft der Schriften und misstraut den offiziellen Institutionen. *Seid unschuldig wie die Tauben* – Geht euren Weg und seht mit den Augen des Kindes!

40

Yeshua sagte:
Ein Weinstock wurde fern vom Vater eingepflanzt. Da er nicht stark ist, wird er an seinen Wurzeln herausgerissen werden und vergehen.

Wirklich leben können wir nur aus der transzendenten Fülle des Seins, im Bewusstsein um unser Einssein mit ALLEM-WAS-IST, verwurzelt in ABWUN, dem Vater-Mutter-Kosmos. Verstrickt in die Zweischneidigkeit der Welt und abgeschnitten vom Fluss des Lebens sind wir schwach, ohne den Saft des Lebens. So verdorren wir.

41

Yeshua sagte:
Wer etwas in der Hand hat, dem wird mehr gegeben werden, und wer nichts hat, wird auch noch des Wenigen beraubt werden, das er hat.

Die Armen werden immer ärmer und die Reichen immer reicher? Spontan ist man versucht, den Spruch in dieser Weise zu deuten. Dann bekommt er etwas beängstigend Prophetisches. Die Reichen beuten die Armen aus, und alle zusammen beuten das nicht-menschliche Leben aus. Dies ist die Hackordnung auf unserem Planeten. Am Ende kann das nur in den kollektiven Untergang führen, weil man Geld und Öl bekanntlich nicht essen kann.

Ich denke aber nicht, dass es Yeshua um diese apokalyptische Vision geht. Er meint unseren inneren Acker, das Geist-Feld, das wir umgraben und reinigen, um heilende Samen zu säen. Dann wachsen gute Früchte, die umso mehr werden, je mehr von ihnen wir haben. Je mehr Liebe, Güte und Achtsamkeit wir besitzen, desto stärker blühen sie; und je mehr davon wir geben, umso mehr bekommen wir selbst.

42

Yeshua sagte:
Seid Vorübergehende.

Kürzer und dichter lässt sich das Thomas-Evangelium wohl kaum auf den Punkt bringen als in diesen zwei Worten. „Seid Vorübergehende." Dieser Satz ist sogar das *Konzentrat aller spirituellen Lehren* der Menschheit. Lasse los, was du nicht bist, dann erkennst du, was du bist. Nicht Körper bist du, nicht Gedanken oder Gefühle, nicht Wahrnehmungen, Erinnerungen, Meinungen oder Wissen. Alles das verändert sich von Moment zu Moment. Alles das ist relativ und damit im Kern unwirklich. Bald wirst du sterben. Vielleicht morgen schon. Du wirst aufhören, was du tust. Deine Lieben werden gehen.

In Logion 11 sagte Yeshua: „Dieser Himmel wird vergehen und der über ihm wird vergehen.“ Halte dich also nirgends fest. Lasse deinen Groll und deine Sorgen los, sie tun dir nur weh. Mache nicht zu viele Pläne und verheddere dich nicht in zu viele Geschäfte. Tritt ein in die Ewigkeit des gegenwärtigen Augenblicks. Vergib.

Einssein heißt in englischer Sprache *atonement.* Dies schöne Wort prägte der schon erwähnte William Tyndale, jener Priester, der die lateinische Bibel ins Englische übertrug und dafür mit seinem Leben bezahlte. *Atonement* ist ein zusammengesetzter Begriff: *at + one + ment.* In unserer Sprache verwenden wir das Wort *Sühne* dafür. Das klingt schon wieder nach Strafe. Die eigentliche Bedeutung aber zielt auf das Geschenk der Versöhnung, auf das Wieder-Eins-Werden des Getrennten – das *Heilwerden* des Menschen.

43

Seine Schüler sagten zu ihm:
Wer bist du, dass du uns diese Dinge sagst?

Yeshua sagte:
An meinen Worten erkennt ihr mich nicht, vielmehr seid ihr wie die Leute aus Judäa geworden. Sie lieben den Baum, aber hassen seine Frucht, oder sie lieben die Frucht, aber hassen den Baum.

Stünde Yeshua heute vor uns als einfacher Mensch, normal gekleidet und einer einfachen Handwerkstätigkeit nachgehend, und würde er dann in unserer Sprache über Gott sprechen, wie würden wir reagieren? Wenn wir offene Menschen sind, dann können wir der Frucht (den Worten oder der Lehre) möglicherweise zustimmen. Doch würden wir auch den Baum annehmen, von dem sie stammt, den Menschen also, der unmittelbar vor uns steht und dieses sagt? Könnten wir jemals unseren Nachbarn für ein verwirklichtes Wesen halten – für den „Sohn Gottes“ gar? „Ein Prophet wird nicht in seiner Heimatstadt akzeptiert“, sagt Yeshua in Logion 31. So nehmen wir die Frucht an, lehnen den Baum aber ab.

Kehren wir das um und stellen uns vor, wir würden Yeshua als Heiligen verehren, als Gottes Sohn, ihn anbeten und uns vor ihm niederwerfen, den Baum also lieben (was immer wir im Moment unter Liebe auch verstehen mögen): Wären wir wirklich bereit, seine Botschaft (die Frucht) anzunehmen und sie selber zu leben versuchen? Wir würden wohl einwenden, dass wir nur einfache Menschen sind, die nicht dem Beispiel Gottes folgen könnten. Was wir auf Podeste stellen, entfernen wir von uns. So verehren wir den Baum und nehmen seine Frucht nicht an, denn sie schmeckt uns zu bitter. Wer vergibt schon leicht oder hält die andere Wange hin? Wer lässt den Mammon los, um Gott zu suchen? Den Baum lieben und die Frucht hassen: Das ist bloß der *Tanz ums goldene Kalb* – nicht WEG, sondern Abweg.

Das Logion spricht auch auf einer alltagspsychologischen Ebene zu uns: Nur allzu gerne umarmen wir die Bäume des Lebens, die Dinge, die wir schön finden oder wichtig, alles das, was wir mögen, genießen, wertschätzen und anstreben. Doch wir sind nicht im gleichen Maße bereit, auch die Früchte zu akzeptieren, also die Konsequenzen zu tragen: Die Unsicherheit, die zur Freiheit gehört; die Verantwortung, die zur Liebe gehört; den Schmerz, der auf ein Übermaß an Genuss folgen kann; den physischen Tod, der auf das physische Leben folgen muss.

Auch das können wir wieder umkehren: Manche Früchte würden wir leidenschaftlich gerne ernten, erst recht wohl die größte aller

Früchte, nämlich die Unsterblichkeit, die Yeshua gleich zu Beginn verspricht. Doch sind wir auch bereit, uns zu bemühen, uns selbst zu erforschen und ehrlich anzuschauen? Wollen wir die Anstrengung auf uns nehmen, den Baum zu bewältigen? Oder wäre es nicht viel bequemer, einer legte seine Hand auf unseren Kopf, um uns Selbsterkenntnis zu schenken? Die Belohnung also mögen wir, doch wieviel weniger den Weg dahin!

Und so würden die Apostel am liebsten Wunder sehen (Logion 31). *Wer bist du, dass du uns diese Dinge sagst?* – Zeige uns, dass du ein außergewöhnlicher Mensch bist. Das wäre bequem, dann hätte man etwas, woran man glauben könnte. Doch Yeshua will, dass seine Schüler verstehen, was er sagt, dass sie seine Worte auslegen und an sich selbst arbeiten. Nicht einmal der Teufel persönlich konnte ihn dazu bringen, seine paranormalen Fähigkeiten – die Yogis nennen sie *Siddhis* – auszuspielen. Und auch vom Kreuz stieg er nicht herab. Dafür verhöhnte man ihn. Doch Wunder tat Yeshua nur, um zu heilen und wieder ganz zu machen, was zerbrochen schien.

44

Yeshua sagte:
Wer gegen den Vater lästert, dem wird vergeben werden, und wer gegen den Sohn lästert, dem wird vergeben werden, wer aber gegen den Heiligen Geist lästert, dem wird nicht vergeben werden, weder auf Erden noch im Himmel.

Was wir in unserer Sprache mit *Vater* übersetzen, nannte Yeshua Abwun. Darin steckt die hebräische Wurzel *aba,* das heißt so viel wie: Elternteil, Ahne oder Begründer. Das *AB* in *aba* verweist auf eine Bewegung, die nach Vollständigkeit und Vervollkommnung sucht, auf einen Akt, der seinem Ziel entgegenstrebt, oder auf den Willen, eine Sache zur Blüte zu führen.[49]

Abwun bezeichnet keinen persönlichen Gott, der außerhalb, jenseits oder losgelöst von uns die Geschicke des Seins steuert, kein Wesen, auf dessen Gnade und Wohlwollen wir angewiesen wären, sondern die namenlose und formlose Quelle, dem das Sein entströmt. So könnten wir das Wort genauso gut mit Mutter übersetzen oder mit Vater–Mutter–Kosmos. Licht des Lebens. Das Höchste ist eins, die Weisen geben ihm tausend Namen. Das ist *Midrasch,* jene kreative Praxis, mit spirituellen Texten umzugehen, sie auszulegen und mit ihnen zu „arbeiten". Es sei hier nochmals daran erinnert, dass uns Yeshua dazu gleich im ersten Logion auffordert!

Abwun beginnt mit A. Das ist der erste Buchstabe fast aller Alphabete. Es ist auch jener Laut, den wir leichter bilden können als jeden anderen: Wir öffnen unseren Mund und lassen den Klang von ganz unten im Rachen her entstehen. Nur geringen Luftdruck braucht es dazu, und die Stimmbänder kommen in ein sanftes Schwingen. Die Lippen bewegen sich dabei nicht und auch nicht unsere Zunge.

Das A steht also für den Anfang, für den Ursprung, die Schöpfung und den Willen, etwas anzustoßen – der erste Impuls. Das B in Abwun, das nur sanft, kaum hörbar, angestimmt wird und mit dem W zu einem gemeinsamen Laut verschmilzt, erinnert uns an den etwas holprigen Moment, in dem ein Wesen das Licht der Welt erblickt: Das Schlüpfen aus dem Ei, den *Big Bang* des Universums und unsere eigene Geburt. Das U markiert den Prozess der Entfaltung, die Ausdehnung und das Werden. A, BW und U finden ihren Ausklang im vibrierenden N. Der Mund ist geschlossen und die Zunge vorne, direkt hinter den Zähnen. Der lautbildende Luftstrom ist nun ganz durch den Sprachtrakt gegangen. Abschluss. Das Ende der Schöpfung. Auflösung. Die Stille nach Abwun.

A–BW–U–N: Das klingt fast wie Aum, der Klang der Klänge, der für die Weisen Indiens die Dreiheit von Vergangenheit, Gegenwart und Zukunft repräsentiert und andere Dreiheiten noch, zum Beispiel Schöpfung, Werden und Auflösung; oder Brahma, Vishnu und Shiva. AUM steht auch für die uns bekannten Bewusstseinszustände des Wachens, Träumens und den tiefen, traumlosen Schlaf. Vor allem aber steht er für das, was über den Klang hinausgeht, nämlich die Stille, aus der er kommt und in die hinein er wieder geht.

ABWUN oder AUM repräsentieren die Ganzheit der Wirklichkeit, die ohne Namen ist, deren Energie aber doch klingt und schwingt in allen Wesen. Jede lebende Zelle reagiert auf Schwingung. Wenn wir ABWUN oder AUM tönen, fühlen wir das ganz körperlich. Ebenso wie im Yoga gehört es auch zur mystischen Tradition des Mittleren Ostens, jene Klänge zu singen oder zu chanten, denen man transformative Kraft zuschrebt.

> Es ist eine ebenso einfache wie mächtige Übung: Atme tief ein, halte zwei, drei Sekunden den Atem an. Dann atme aus und töne ABWUN oder AUM. Erlaube der Schwingung der Schöpfung, ihre heilsame Kraft in dir zu entfalten.

Der *Vater* und der *Sohn:* Sie sind das Tao und das Yin–Yang mit ihren Myriaden Manifestationen. Gott und seine Schöpfung, reines Bewusstsein und wir selbst. Wir können den Vater und den Sohn beschimpfen, sie lästern, sie für unwirklich halten, lieben oder hassen. Nichts davon ändert etwas an der Wirklichkeit.

Sogar wenn Gott eine Person wäre: Könnte er (oder sie) so kleinmütig und menschlich sein, auf unser Unverständnis mit Beleidigung zu reagieren? Die Blasphemie kümmert Gott nicht das Geringste, sie ist nur eine Vorstellung der Menschenkinder. Wenn ein Mensch Gott lästert, wird er nur vom Menschen bestraft, niemals von Gott. So wird uns der Vater also leicht vergeben, denn wir können ihn gar nicht verletzen. Wir tun uns nur selber weh, wenn wir die Wirklichkeit „lästern“, denn wir berauben uns damit der Möglichkeit, uns dem Fluss des Lebens anzuvertrauen.

Und wenn wir die Schöpfung – den „Sohn“ – verfluchen oder lästern? Auch das, sagt Yeshua, wird uns vergeben werden. Obgleich die Probleme, die uns das machen kann, erheblich sind. Denn wenn wir die Schöpfung missachten und verletzen, also Mitmenschen, Tieren und der Erde Schaden zufügen, werden wir die Früchte ernten: Streit und eine trostlose Welt.

Etwas anderes aber ist es, den *Heiligen Geist* zu lästern, sagt Yeshua. Wenn wir das tun, dann wird uns das nicht vergeben werden – nicht auf Erden und nicht im Himmel. Um das zu deuten, müssen wir genauer hinschauen: Was meint Yeshua, wenn er vom *Heiligen Geist* spricht? Das aramäische Wort dafür heißt *Ruha.* In seinem hauchenden Klang schon wird die Bedeutung offenbar: Das meint den *Atem,* der uns belebt. Er ist reine Lebensenergie, eine Kraft, die der Schöpfung innewohnt und sie durchflutet. Auf Nahrung können wir wochenlang verzichten. Auf Wasser ein paar Tage. Auf Sauerstoff gerade ein paar Minuten. Doch auf die Lebensenergie, die dem Atem innewohnt, nicht eine Mikrosekunde lang, denn sie ist das *Prinzip des Lebens* selbst. Ohne *Ruha* sein, meint: Tot sein.

Die Arbeit mit dem Atem und der mit ihm fließenden Lebensenergie, die man im Yoga *Prana* nennt, hat einen zentralen Stellenwert in vielen spirituellen Traditionen. Der Atem verbindet uns mit unserer eigenen Tiefe, wie auch mit der physischen Welt und unserem Nächsten, mit dem wir die Luft teilen, die wir atmen: Das umspannt das Dreieck von Himmel (Vater), Erde (Mutter) und Herz (Brüder und Schwestern). Im *Friedens-Evangelium der Essener*, einem aramäischen Text, den Edmond Bordeaux Szekely 1928 in der Bibliothek des Vatikans entdeckte, leitet Yeshua seine Schüler ganz in diesem Sinne an:

„Wenn ihr morgens eure Augen öffnet, noch bevor euer Körper vom Engel der Sonne gerufen wurde, sprecht zu euch selbst die folgenden Worte und lasst sie widerhallen in eurem Geist. Denn Worte sind wie tote Blätter, wenn in ihnen nicht das Leben des Spirit ist. Sagt also diese Worte: ‚Ich trete ein in den ewigen und grenzenlosen Garten des Geheimnisses, mein Spirit eins mit dem Himmlischen Vater, mein Körper eins mit Mutter Erde und mein Herz in Harmonie mit meinen Brüdern, den Menschensöhnen.'"[50]

In den Schriften der Essener sind die „Engel" die energetischen Aspekte der Existenz, die wir miteinander teilen: Der Engel der Sonne als das wärmende Licht, der Engel des Wassers als die reinigende Essenz, der Engel des Atems als die uns belebende Kraft und so weiter.[51] Tausendmal schon geatmet wurde jedes Luftmolekül, das ich in diesem Moment aufnehme. Es ist so alt wie der Kosmos selbst. Meine Luft ist auch die meines Nachbarn. Von Menschen gemachte Grenzen können daran nichts ändern. Diese Idee vom Atem als Lebensenergie vermittelt eine praktische, ethische, politische, ökologische und spirituelle Botschaft zugleich. Yeshua spricht mit jedem Satz auf jeder Ebene.

Das Sein manifestiert sich für Yeshua als *energetisches Kontinuum,* genau so, wie das auch im Taoismus, im Yoga, Tantra und in vielen anderen Traditionen der Fall ist. Diese Energie, so lehrt der Meister zwischen den Zeilen, folgt unserer Bewusstheit. (Denke an die Spitze des Zeigefingers, und du wirst es fühlen: Bewusstsein lenkt Energie!) Das gilt im kosmischen Maßstab ebenso wie im menschlichen Mikrokosmos (wie oben, so unten), wie ganz klar die folgende kurze Anleitung zeigt, die der Meister seinen Schülern gibt: Er fordert sie auf, mental durch ihren Körper zu gehen, also ihr Bewusstsein und die damit verbundene Lebensenergie in jede Zelle des Körpers zu lenken. Das erinnert an yogische und taoistische Praktiken, die gezielt *Prana* oder *Chi* durch den Körper zirkulieren lassen:

„Engel des Lebens, gehe ein mit deiner Kraft in meine Glieder. Mit diesen Worten umarmt den Baum des Lebens, gleichsam wie ich diese Eiche als meinen Bruder umarme, und ihr werdet fühlen, wie die Kraft des Lebens in eure Arme fließt und in eure Beine und in alle Teile eures Körpers, so wie der Saft im Frühling durch diesen Baum fließt und sogar aus dem Stamm heraustritt; genau so wird der Engel des Lebens euren Körper durchfluten mit der Kraft von Mutter Erde."[52]

Wenn man nur ein wenig Wissen von yogischer Philosophie und Energiekörperarbeit hat, dann sprechen diese Zeilen Bände. Jedenfalls wird nun klarer, warum uns nicht vergeben werden kann, wenn wir *Ruha d'Qudsha,* den Heiligen Geist, „lästern". Denn etwas zu „lästern", bedeutet, es nicht zu achten, es also zu *miss*achten oder unachtsam zu sein. Wir verleugnen damit das Leben selbst, das in uns ist. Es ist der Lebensenergie wohl gleichgültig, ob wir sie wahrhaben wollen oder nicht, sie folgt einfach unserem Bewusstsein und macht lebendig, „was wir essen" (Logion 11) – sei es mit dem Körper, dem Herzen oder dem Geist.

45

Yeshua sagte:
Trauben werden nicht von Dornbüschen geerntet,
noch werden Feigen von Disteln gesammelt.
Sie tragen keine Frucht.

Ein guter Mensch bringt Gutes aus seiner Schatzkammer hervor. Ein schlechter Mensch bringt böse Dinge aus seiner verdorbenen Schatzkammer im Herzen hervor und sagt böse Dinge. Denn aus der Fülle des Herzens bringt dieser Mensch Böses hervor.

Nur oberflächlich geht es hier um die Moral, dass die bösen Menschen Böses und die guten eben Gutes tun. Der Meister spricht auf mehreren Ebenen. Seine Botschaft reicht tiefer als die Ethik, deren Thema das Sollen und Nicht-Sollen ist.

Zunächst: Ein jedes Ding ist, was es ist. Trauben sind Trauben, Dornen sind Dornen und Rosen sind Rosen, unabhängig davon, welche Eigenschaften wir ihnen zuschreiben und ob wir sie mögen oder nicht. Abwun, das formlose Potenzial des Seins, kann das eine oder das andere werden und jede Gestalt annehmen. Alles wird schließlich wieder zurück zu Abwun fließen. Einheit wird Vielfalt und Vielfalt wieder eins. Doch was einmal in die Manifestation gegangen ist, sei es nun Blume, Tier oder Mensch, folgt, solange es in dieser Form lebt, der ihm eingeborenen Natur.

Auch mit uns Menschen ist das so. So formbar und entwicklungsfähig wir auch sein mögen, können wir doch nicht alles erwerben oder werden, denn wir kommen mit Prägungen auf die Welt. Unsere „Schatzkammer" ist zu einem gewissen Grade bereits gefüllt, wenn wir geboren werden. Und mit den Schätzen darin – schönere und weniger schöne – müssen wir arbeiten. Sie sind die mentalen Dispositionen, die uns als Spezies und Individuen prägen und auf stofflicher Ebene ihren Abdruck in unserer DNS hinterlassen. Die Yoga-Philosophie nennt sie *Vasanas.* Im Kontext von Logion 35, wo es um das *Haus des Starken* geht, haben wir über sie gesprochen.

Damit kommen wir zum zweiten Absatz des Spruches: Gut und Böse. Hier ist es wichtig, zu wissen, dass das Aramäische Gut und Böse in einem *moralisch* aufgeladenen Sinne nicht kennt. Was wir mit *gut* übersetzen, heißt auf aramäisch *tub,* und bedeutet *reif.* Und unser Wort *böse* lautet in Yeshuas Sprache *bisha,* was *unreif* bedeutet. Auch die Idee der Geeignetheit (oder eben Ungeeignetheit) für einen bestimmten Zweck klingt darin an, ganz ähnlich wie im altgriechischen Wort *arete*, das wir mit dem so moralisch aufgeladenen Begriff „Tugend" übersetzen. Dabei meint es die Tugendhaftigkeit nicht, wie die Ethik sie versteht, sondern einfach im Sinne der Eignung: Ein Messer, das *arete* hat, das gut oder *tub* ist, schneidet gut. Ein Haus, das *arete* hat, gibt uns Schutz und Wohlbefinden. Es erfüllt den Zweck, um dessentwillen es geschaffen wurde.

Tub und *bisha* als reif und unreif fügen sich harmonisch in die Bildsprache Yeshuas, der immer wieder auf die den Menschen umgebende Natur anspielt und dessen Anstrengungen, sie für seinen Lebensunterhalt zu kultivieren. Bäume und Früchte, Weizen und Unkraut, Säen und Ernten: All das bestimmte entscheidend die konkreten Lebensbedingungen der Menschen dieser Zeit.

Was nun meinen *tub* und *bisha* im Blick auf den Menschen? Es ist so einfach wie fundamental: Wer unreif ist, weiß nicht, was er tut. Er ist spirituell blind und lebt im Irrtum oder *Hataha*, nicht wissend um seine wahre Natur. Patanjali, das haben wir schon gesagt, nennt es *Avidya,* jene Blindheit, welche die Grundursache ist für jedes menschliche Leid. Wer unreif oder blind ist, gerät auf die schmerzhaften Abwege des Lebens. Der Unreife hat seinen Lebenszweck noch nicht erfüllt. Im reifen Menschen dagegen ist *Sophia* erblüht. So richtet er sich auf das Wichtige und Richtige aus.

Im Vaterunser steht der aramäische Satz: *Ela patzan min bisha.* Man übersetzte ihn uns als „Führe uns nicht in Versuchung“. Die wahre Bedeutung meint aber „Lasse uns nicht unreif sein“, oder, positiv gewendet: „Lasse uns zu reifen Menschen werden.“ Aus einer von Angst motivierten Bitte um Erlösung vom Bösen wird so das lichthafte Streben nach innerem Wachstum und spiritueller Erfüllung. Dazwischen liegen Welten.

Meister Eckhart sagt, dass es das Böse eigentlich nicht gibt, weil auch der Böse letztlich nur nach innerem Frieden sucht – wenn er dabei auch fehlgeht:

> *„Alle Kreaturen jagen Gott mit ihrer Liebe, denn es ist kein Mensch so unselig, dass er aus Bosheit sündigte (…) Es schlägt einer einen tot; das tut er nicht, um etwas Böses*

zu tun, sondern es dünkt ihm, er selbst käme, solange jener lebt, nimmer in sich selbst zum Frieden; darum will er in Frieden Lust suchen, denn Friede bringt Freude. So jagt alle Kreatur Gott mit ihrer Liebe, denn Gott ist die Liebe."[53]

Wer zum Kind wird, erkennt das Königreich.

46

Yeshua sagte:
Von Adam bis zu Yohanan* dem Täufer ist unter denen, die von einer Frau geboren sind, keiner größer als Yohanan, so dass ihr eure Augen nicht abwenden müsst.

Aber ich habe gesagt, dass, wer von euch Kind wird, das Königreich erkennen und größer sein wird als Yohanan.

In alten Zeiten war es nicht nur in Judäa Brauch, vor den „Hochwohlgeborenen" die Augen abzuwenden und den Blick zu senken. Einem Mächtigeren begegnet man nicht auf Augenhöhe. Der größte unter den Menschen, sagt Yeshua, sei Yohanan der Täufer, ein Mann, der ein naturverbundenes Leben in extremer Armut lebte. Er besaß nichts. Seine Kleidung war aus Kamelhaar gemacht, leidlich zusammengehalten von einem ledernen Gürtel. Seine Nahrung, so erzählt das *Matthäus-Evangelium,* bestand ausschließlich aus

* Johannes

Heuschrecken und Honig.[54] Diesen seltsamen Täufer nun – einen predigenden Habenichts – nennt Yeshua den größten unter jenen, den seine Schüler kannten, so groß sogar, dass er sich von ihm taufen ließ.

Doch nicht einmal der große Yohanan war frei von Konditionierungen. Im totalen Verzicht als Eremit zu leben, bedeutet noch nicht Selbsterkenntnis. Auch Buddha versuchte, den extremen Weg zu gehen. Doch das führte ihn fast in den Tod. Fortan ging er den *Weg der Mitte.* Alle Aspekte unseres Seins streben nach Integration und Authentizität, der Einheit also von Körper, Sinnen, Gedanken, Fühlen und Handeln. Um das zu verdeutlichen, greift Yeshua wieder das Bild des Kindes auf: Es ist sanft, weich, anpassungsfähig und ganz und gar unverstellt. Der Mensch, der Kind ist, fließt mit dem Leben. Der alte Laotse bringt diese Wahrheit auf den Punkt, die für unseren Körper ebenso gilt wie für unseren Geist:

> *„Wenn das Leben beginnt, sind wir weich und beweglich.*
> *Wenn das Leben endet, sind wir steif und hart.*
> *Alle Dinge, auch das Gras und die Bäume,*
> *sind weich und biegsam im Leben,*
> *aber trocken und spröde im Tod.*“[55]

Wenn wir im Zustand des siebten Tages leben, sind wir größer als Yohanan, größer als der Größte, groß und lebendig wie Yeshua.

47

Yeshua sagte:
Ein Mensch kann nicht auf zwei Pferde steigen oder zwei Bogen spannen, und ein Diener kann nicht zwei Herren dienen, sonst wird er den einen ehren und den anderen beleidigen.

Kein Mensch trinkt alten Wein und will dann plötzlich neuen Wein trinken.

Neuer Wein wird nicht in alte Weinschläuche gegossen, da sie platzen könnten, und alter Wein wird nicht in neue Weinschläuche gegossen, da er verderben könnte.

Ein alter Flicken wird nicht auf einen neues Kleidungsstück genäht, denn es würde reißen.

Wir können unserem Leben nicht mehrere Richtungen zugleich geben. In der Bergpredigt wird Yeshua noch deutlicher: „Ihr könnt nicht Alaha und dem Geld zugleich dienen", sagt er dort.[56] Ich denke nicht, dass das zwingend bedeutet, materiell arm sein zu müssen, um spirituell reich sein zu können. Es ist vielmehr eine Sache des Geistes und was er haben will, worauf er sich also *ausrichtet:* Auf inneres Wachstum, spirituelle Praxis, das Suchen und Anklopfen, oder auf äußeren Erfolg, Reichtum, Status und Einfluss. Das eine muss das andere nicht zwingend ausschließen, wahr ist aber, dass wir auf der Suche nach dem einen für das andere oft nicht mehr die Zeit und Energie aufbringen können. Wenn wir maximalen äußeren Erfolg suchen, dann müssen wir ganz dafür leben; und wenn wir maximalen inneren Fortschritt suchen, dann verlangt das ebenso unseren ganzen Einsatz. Es ist eine Sache der Prioritäten. Ein indisches Sprichwort sagt: Wo *Kama* (Begierde) ist, da kann *Rama* (Gott) nicht sein. Und wo *Rama* ist, da ist kein Platz für *Kama*.

Auf dem äußeren Weg sind Menschen um des Erfolges willen manchmal bereit, jemanden zu verletzen: Den Konkurrenten auszubooten, die Natur auszubeuten, die Unwahrheit zu sagen und über so manche sprichwörtliche (oder sogar echte) Leiche zu gehen. Das ist nicht nur ein ethisches Problem, sondern es zerstört die Harmonie mit der Außenwelt, die wir benötigen, um in die innere Stille gehen zu können. Nicht umsonst lehrt Mose die Zehn Gebote und das *Yogasutra* die zehn *Yamas* und *Niyamas*. Das sind vernünftige Grundregeln für den Umgang mit unserem Umfeld und uns selbst. Die wichtigsten von ihnen sind der Verzicht auf Gewalt in jeder Form sowie Wahrhaftigkeit und eine innere Haltung der Zufriedenheit. Im harten Business der Welt sind das Eigenschaften, die dem kommerziellen Erfolg im Weg stehen können. Welchem Herrn wollen wir dienen? Dem Höchsten oder dem Geld?

Das Bild vom alten und neuen Wein mag uns sagen, dass es schwierig ist, den Weg zu wechseln: Wer den Erfolg geschmeckt hat, wird süchtig danach – er tauscht nicht das Pferd oder den Wein. Er wird es erst dann tun, wenn er bemerkt, dass trotz allem etwas fehlt in seinem Leben: Glück und innerer Frieden. Dann vielleicht beginnt er, *in sich* nach Antworten zu suchen. Und wer sich erst einmal aufgemacht hat, sein inneres Licht zu entdecken, wird so schnell nicht wieder sein altes Leben leben können. Was einmal schal geworden ist, kann nie wieder schmecken. Swami Satchidananda sagte dazu einmal:

> *„Wenn du aller anderen Dinge müde geworden bist – zu 100 Prozent –, dann wirst zu dich auf den Weg zu Gott machen und dich nicht mehr umdrehen."*[57]

So einer wird nicht zurück wollen in eine enge und von Konkurrenzdenken bestimmte Ich-Welt, das würde ihn kaputtmachen. Stellen wir uns vor: Jemand hat die Welt ausgekostet und am Ende dennoch die Erfüllung nicht gefunden. Er lässt alles und wendet sich nach innen. Und stellen wir uns nun weiter vor, dass er auch hier Enttäuschung erführe. Soll er wieder zurück in seine alte Welt? Was würde aus ihm werden? Ein Zyniker? Ein zerrissenes und destruktives Wesen? Das geht kaum, denn auch das kurze Stück Weg, das er nach innen zurückgelegt haben mag, hat einen reiferen Menschen aus ihm gemacht. Alter Wein und neue Schläuche, alte Flicken und neues Gewebe, das Größere in das Kleinere oder das Reifere wieder zum Unreifen zu machen, das geht nicht.

48

Yeshua sagte:
Wenn zwei in einem Haus untereinander Frieden schließen, werden sie dem Berg sagen „Bewege dich" – und er wird sich bewegen.

Auf der ersten Ebene sagt dieser Spruch, dass wir Menschen in der Welt *gemeinsam* viel mehr erreichen können als im Gegeneinander. Wo der Wettbewerb besser als andere Wege zu gewährleisten scheint, mehr Wohlstand in die Welt zu bringen, da bezeugt er im Grunde nur die Unreife *(bisha)* der Spezies Mensch. Zur totalen Kooperation ist er im gegenwärtigen Stadium seiner Entwicklung offensichtlich nicht fähig. Auch hat der Wettbewerb, dieser Ego-Kampf um die besten Plätze, nur einem Teil der Menschen Wohlstand gebracht. Auch die Errungenschaften echter Demokratie und Freiheit, die man als die notwendig sich herausbildenden Begleiter eines befreiten Kapitals verspricht, lassen für den größeren Teil der Menschheit immer noch auf sich warten.

Obgleich das alles offenbar ist, setzen wir das Rattenrennen mit zunehmender Geschwindigkeit und Härte fort. Den Planeten, auf dem wir leben, werden wir bald schon ruiniert haben. Der Mensch von heute denkt, nur über den Vergleich voranzukommen und über das Bemühen, besser zu sein als andere. Wir ziehen nicht an einem gemeinsamen Strang, obgleich doch der Ast, auf dem wir zusammen sitzen, so brüchig geworden ist.

Doch das ist nur die äußere Ebene des Logions. Es geht hier um mehr als Konkurrenz und Kooperation oder Krieg und Frieden. Selbst wenn die Klingen gerade einmal nicht gekreuzt werden, ist es ja ein nur prekärer Frieden. Nur die Ruhe vor dem Sturm. *Wirklicher Frieden* ist eine Qualität, die von innen kommt. In einer bemerkenswerten Passage aus dem *Friedensevangelium der Essener* belehrt „der Ältere" – ein Lehrer oder Weiser – seine Schüler:

> *„Ich werde zu euch vom Frieden sprechen, (...) denn Frieden ist das, wonach die Welt sich am meisten sehnt, so wie ein müdes Baby sich danach sehnt, seinen Kopf auf die Brust der Mutter zu legen. Es ist der Mangel an Frieden, der die Königreiche plagt, auch dann, wenn sie nicht im Krieg sind. Denn Gewalt und Krieg können in einem Königreich auch dann herrschen, wenn das Klirren aufeinanderprallender Schwerter nicht zu hören ist."*[58]

Echter Friede kann nur herrschen, wenn er auf allen Ebenen unseres Lebens blüht: In unserer Familie, zwischen Nachbarn, in unserer Gesellschaft. Das ist nur möglich, wenn wir mit uns selbst in Frieden sind. Der Ältere fährt nun fort, den inneren Kriegsschauplatz des Menschen zu beschreiben, seine Zerrissenheit, weil Körper, Geist und Seele nicht gemeinsam gehen:

> *„Wirklich, ich sage euch, viele gibt es, die keinen Frieden kennen; denn sie sind im Krieg mit ihrem eigenen Körper; sie sind im Krieg mit ihren Gedanken; sie leben nicht in Frieden mit ihren Vätern, ihren Müttern, ihren Kindern;*

sie haben keinen Frieden mit ihren Freunden und Nachbarn.“[59]

Das ist deshalb so, weil die Menschen im Leben nur zu suchen scheinen, was immer wieder neuen Schmerz bringt. Es ist ihr Mehr-Habenwollen, das sie unzufrieden und damit unfriedlich macht:

> *„Frieden herrscht nicht in ihnen, weil sie ewig danach dürsten, was am Ende nur Elend und Schmerz bringt, sogar diese Fallen von Reichtum und Ruhm (...); und so leben sie im Nichtwissen um das Gesetz, sogar um jenes Heilige Gesetz, durch das wir leben: Der Weg der Engel von Mutter Erde und des Himmlischen Vaters.“*[60]

Die *Engel* sind nicht die geflügelten Wesen, die wir schon seit Kindertagen kennen, sondern mentale Kräfte oder Energien: Wenn sie zersplittert sind, werden wir damit nicht viel erreichen. Und wenn wir sie in die falsche Richtung lenken, geraten wir auf Abwege. Doch da, wo wir eins sind, im Inneren wie im Äußeren, da können wir scheinbar Unmögliches schaffen – sogar Berge bewegen, sagt Yeshua.

Den Berg bewegen – Das erinnert nicht zuletzt an die Praxis der Meditation. Wenn wir jede mentale Regung auf das Höchste ausrichten und den Geist vollständig bündeln, können wir zu unserer innersten Wirklichkeit durchstoßen, zu jenem Königreich, wo immer Frieden herscht. Ich denke, es ist genau das, was Yeshua auch mit dem nächsten Spruch zum Ausdruck bringen will.

49

Yeshua sagte:

Gesegnet sind die, die eins sind und auserwählt, denn sie werden das Königreich finden. Von dort seid ihr gekommen und dorthin werdet ihr zurückkehren.

Im Kontext des eben Gesagten spricht dieses Logion für sich. Ich will nur diesen kurzen Satz aus dem ersten Vers des *Tao Te King* daneben stellen:

„Ein Geist, der frei von Gedanken ist,
eingetaucht in sich selbst,
erblickt die Essenz des Tao."[61]

50

Yeshua sagte:

Wenn sie euch fragen: „Wo seid ihr hergekommen?", sagt ihnen: „Wir sind aus dem Licht gekommen, von dort, wo das Licht selbst wurde, aus sich selbst heraus, und in ihrem Bilde erschien."

Wenn sie euch fragen: „Seid ihr es?", dann sagt: „Wir sind seine Kinder, die Auserwählten des lebendigen Vaters."

Wenn sie euch fragen: „Was ist der Beweis, dass der Vater in euch ist?", sagt ihnen: „Es ist Bewegung und Ruhe."

Es ist der auf den ersten Blick so rätselhaft anmutende letzte Satz, der uns den Schlüssel zum Verständnis des ganzen Spruches gibt, denn er bringt das Wissen um das grundlegende kosmische Gesetz zum Ausdruck – und das in nur zwei Worten: *Bewegung* und *Ruhe.* Sie erinnern uns an die zwei Pole der essenziellen Einheit von *Bewusstsein* und *Energie.* In der Symbolsprache der Bibel: Bevor das All wurde, ruhte der Geist auf den Wassern, dann sagte er: „Es werde Licht."

Es ist die Energie des Bewusstseins, welche den Prozess der Entwicklung anstößt. Das gilt im Großen wie im Kleinen: Bevor ein Haus entsteht, muss jemand den Gedanken „Es werde!" fassen und ihm Handlungen folgen lassen. So findet das Mentale seinen materiellen Ausdruck. Damit auch nur ein Arm sich bewegen kann, bedarf es eines vorausgehenden mentalen Prozesses, ob wir uns dessen nun gewahr sind oder nicht. Kein Bewusstsein, kein energetischer Prozess. Keine Energie, kein Leben.

Im Yoga korrespondiert das Mentale mit dem Symbol des Mondes, mit der Stille, Kühle, Ruhe und Introspektion. Die Bewegung, Aktivität, Hitze und Extrovertiertheit werden von der Sonne repräsentiert. Sonne und Mond, Hitze und Kühle, das Mentale und die Aktivität, Stille und Klang oder Bewegung und Ruhe: Sie stehen auf der grundlegenden Ebene für *Sein* und *Werden*, für Ursprung und Existenz, Ozean und Welle oder Bewusstsein und Energie. Laotse sagt:

> *„Das Innere ist die Grundlage des Äußeren.*
> *Das Ruhende ist Herr über das Ruhelose."*[62]

Yeshua sagt seinen Schülern: Wenn sie euch fragen, was der Beweis ist, dass ABWUN, der Vater, in euch ist, dann sagt ihnen, was ganz offensichtlich ist: Wir sind Geist und die Kraft, die ihm innewohnt, ein Spiegel jenes unbegrenzten Seins, dessen energetischer Ausdruck das Licht (oder auch das Wort, der Klang, die Schwingung) ist.

Dies Licht erschien den Schülern „im Bilde“: Das ist die Vision oder das innere Schauen des energetischen Ausdrucks reinen Bewusstseins. Es macht aus dem Glauben ein Wissen, und das ist der Beweis, von dem Yeshua spricht. Dieser ist natürlich nicht intersubjektiver Natur, sondern zutiefst subjektiv. Das Subjektive wird von der „objektiven“ Wissenschaft als „unwissenschaftlich“ ausgeklammert, obgleich doch das ganze Leben für jeden Einzelnen nichts anderes ist als *subjektive Erfahrung.* Wer nur den intersubjektiven Beweis gelten lässt und die Introspektion als Weg des Wissens negiert, klammert ALLES-WAS-IST aus seinem Datenkranz aus. Da bleibt nicht viel übrig, das zu erkennen sich lohnte. Ein paar tote Dinge und Daten nur.

Auf einer *konkreteren* Ebene, so meine ich, verweist das Logion auf die Praxis der Meditation. Sie ist „die Seele des spirituellen Lebens“.[63] Denn nur in der Stille meines Körpers und Geistes kann ich mich dem Bewusstsein „annähern“, vor dessen Augen sich der Film meines Lebens abspielt, jenem reinen Gewahrsein, das ich selber bin und dessen energetischer Ausdruck mein Denken, Fühlen und Handeln sind.

Auf einer eher *lebenspraktischen* Ebene thematisiert Yeshua die Idee von Bewegung und Ruhe als die lebensnotwendigen Pole unserer körperlichen und psychischen Existenz: Zwischen Anspannung und Entspannung oszilliert unser Leben. Im Wechsel von Aktivität und Ruhe entfaltet sich unsere Existenz. Ohne Aktivität bringen wir nichts auf den Weg. Ohne Entspannung können wir nicht dauerhaft aktiv sein. Ruhe und Bewegung sind ALLES, WAS IST. Und wir sind ein Teil davon. ABWUN, das sind wir.

51

Seine Schüler fragten ihn:
Wann werden die Toten in Frieden sein,
und wann wird die neue Welt anbrechen?

Er sagte zu ihnen:
Wonach ihr sucht, ist schon gekommen,
aber ihr erkennt es nicht.

52

Seine Schüler sagten zu ihm:
Vierundzwanzig Propheten haben in Israel gesprochen, und sie sprachen alle von dir.

Er sagte zu ihnen:
Ihr habt den Lebendigen unter euch ignoriert
und von den Toten gesprochen.

Die Sprüche 51 und 52 weisen in die gleiche Richtung, nämlich nicht zu sehen, was vor unseren Augen liegt. Immer wieder wurde den Menschen der *Messias* angekündigt, der sie aus Unterdrückung und Leid erretten würde. Auf sein Kommen warteten sie nun schon seit Jahrhunderten.*

Die Apostel blicken ihren Lehrer mit erwartungsvollen Augen an. „Er muss es sein!" Doch weder wird Yeshua die römischen Unterdrücker davonjagen noch seinen Schülern inneren Frieden schenken. All die Propheten, das ganze Gerede von Befreiung und die Erwartung, ein Messias könne die Probleme der Menschen lösen – alles vergebens. Denn die Befreiung, von der Yeshua spricht, meint nicht das Lösen äußerer Ketten, sondern die Freiheit des Geistes.

---

* Die Reihe der Prophezeiungen begannen im 8. Jahrhundert vor Yeshuas Geburt mit dem Jerusalemer Propheten Jesaja.

Sie wird nicht einfach gegeben, sondern ist eine allmählich heranwachsende Frucht im Geist des Menschen, der an sich „arbeitet".

Die Wendung „Der Lebendige unter euch" bezieht sich nicht auf Yeshua als *Person,* sondern auf das, was sich durch ihn zum Ausdruck bringt, so wie es sich durch die Myriaden Formen der Welt zum Ausdruck bringt. Die Menschen erkennen es nicht: „Die Finsternis hat es nicht erfasst." (Joh 1,5) Sie sehen die Person und machen sie zur Projektionsfläche ihrer unerfüllbaren Wünsche. Das ist nichts anderes als eine Variante des archaischen Tanzes um das goldene Kalb, nur ein wenig subtiler. Schon Mose verzweifelte seinerzeit daran. Nun kämpft Yeshua damit. Und bis heute hat sich daran nichts geändert. So sehen wir nicht, dass bereits gekommen ist, wonach wir suchen, wie Yeshua in Logion 51 sagt.

Die Schüler tragen eine Erwartungshaltung an ihn heran, die er weder erfüllen kann noch will. Niemand sieht ihn in seiner *Soheit,* sondern nur im Lichte eigener Hoffnungen. Doch Illusionen und Täuschungen aufrechtzuerhalten, verstand Yeshua nicht als seinen Auftrag. Er musste die Menschen *des*-illusionieren und *ent*-täuschen. Kein Wunder, dass sie ihn töteten.

53

Seine Schüler fragten ihn:
Ist die Beschneidung sinnvoll oder nicht?

Er sagte zu ihnen:
Wenn sie sinnvoll wäre, würden die Väter der Kinder sie bereits beschnitten in ihren Müttern zeugen. Doch die wirkliche Beschneidung im Geist ist ganz und gar wertvoll.

Initiationsriten können dazu beitragen, Bindungen innerhalb von Gesellschaften zu festigen. Doch zugleich verursachen sie Trennung.

Wo wir zeigen, dass einer zu uns gehört, da zeigen wir zugleich, dass er nicht zu den anderen gehört. Religiöse Akte, die Gruppenzugehörigkeit signalisieren, sind eher ein politisches Statement als spiritueller Natur. Sie dokumentieren Exklusivität. „Mein Gott, dein Gott – unsere Wahrheit, eure Wahrheit." Wenn es sein muss, trägt man das auf dem Schlachtfeld aus.

Zum Höchsten führen uns Verstümmelungen so wenig wie Selbstkasteiungen. Die Idee der Beschneidung ist eine innere Botschaft, und Yeshua sagt das auch ganz klar. Er spricht von der *Beschneidung im Geist.* Das ist ein Bild, das wir auch aus der Tradition des Zen-Buddhismus gut kennen. Immer wieder ist dort die Rede vom Abschneiden der Illusionen und vom Loslassen unserer Konzepte von *Ich* und *Mein.* Wo also die Beschneidung der Genitalien auf die Besonderheit und Trennung verweist, ist die *Beschneidung im Geist* das hundertprozentige Gegenteil, nämlich eine innere Bewegung hin zur Ganzheit. Der berühmte Zen-Meister Yoka Genkaku (665–713) schrieb dazu:

> *„Entledige dich durch eigenes Handeln*
> *Der Lumpen, die diesen Schatz bedecken,*
> *Und brüste dich nicht deines Glaubens."*[64]

Das *eigene Handeln* ist natürlich unsere (Lebens-)Praxis: Hingabe, Meditation, Selbsterforschung, Ethik – das also, was wir in der „Kammer unseres Herzens" tun. Die *Lumpen* sind unsere falschen Vorstellungen vom Sein, von uns Selbst und von Gott. Sie *bedecken den Schatz,* das heißt, sie hindern uns daran, unsere *Christus-Natur* zu sehen. Doch anstatt die Lumpen wegzunehmen, *brüsten wir uns unseres Glaubens:* Wir gehen in „unsere Kirche" und beten „unseren Gott" an. Von „den anderen" haben wir uns durch äußere Signale abgeschnitten – keine sehr hilfreiche Form der Beschneidung.

Meister Engo (1063–1135) fordert uns in der *Niederschrift vom Blauen Fels* auf typische Zen-Art dazu heraus, die Beschneidung in einer Form zu praktizieren, die unseren Blick in die Totalität hinein erweitert, eine *Beschneidung im Geist,* die uns zu *Satori* führen kann, der unsagbaren Erfahrung unserer Buddha- oder Christus-Natur:

> *„Schneide ab die zehn Richtungen durch das Sitzen*,*
> *und plötzlich öffnen sich tausend Augen.“*[65]

54

Yeshua sagte:
Gesegnet sind die Armen, denn euer
ist das Königreich des Himmels.

Dieser Spruch erschließt sich logisch aus dem Vorhergehenden. Arm sind wir dann, wenn wir unseren Geist leer gemacht haben von allen selbstbegrenzenden Vorstellungen und von allem, was zu Schmerz führt. „Arm sein“ meint, den Löwen besiegt zu haben (Logion 7). Es ist eine Armut, die wahren Reichtum bedeutet, weil sie den Schleier entfernt, der die Perle verhüllt. In der Sprache Patanjalis nennt man diesen Bewusstseinszustand *Chitta–Vritti–Nirodha*, das „Zur-Ruhe-Kommen der mentalen Muster“. Es ist ein Sehen ohne geistigen Filter oder Brille, frei von allen Konditionierungen. Mit unserer Geldbörse jedenfalls hat diese Form der Armut nicht sehr viel zu tun. Die Zen-Tradition verwendet gerne das Bild von der Teetasse: Frischer Tee (Erkenntnis, Wahrheit) kann nur hineingegossen werden, wenn sie leer gemacht worden ist vom alten Tee (dem Getriebe unseres Geistes). Meister Eckhart:

* Das Sitzen meint Zazen, die konkrete Praxis der Meditation.

„Aber wenn Gott sein Wort in der Seele sprechen soll, muss sie in Friede und Ruhe sein, und dann spricht er sein Wort und sich selbst in der Seele, nicht ein Bild, sondern sich selbst.“[66]

Gesegnet sind die Armen – Diesen Spruch kennen wir, leicht abgewandelt, auch aus der Bergpredigt: „Selig sind die Armen im Geiste, denn ihrer ist das Himmelreich“, so heißt es im *Matthäus-Evangelium* (Mat 5,3). Wenn Yeshua von „Geist“ spricht, daran sei hier nochmals erinnert, sagte er *Ruha* oder Atem. Mit *Ruha* kommen wir auf die Welt. Mit *Ruha* legen wir uns abends zu Bett. Und *Ruha* nehmen wir mit uns, wenn wir den Körper ablegen. *Ruha*, der Lebensgeist, ist alles, was wir haben. In diesem Bewusstsein zu leben, das bedeutet Armut, wie Yeshua sie versteht.

Schließe die Augen.
Atme ein und sage dir innerlich Ru.
Atme aus und sage dir innerlich ha.
Ruha. Ruha. Ruha.
Es ist das Wort, das Yeshua sprach.
Sei dir dessen bewusst.
Fühle Ruha d'Qudsha – deinen Lebensgeist.

55

Yeshua sagte:
Die nicht Vater und Mutter hassen, können nicht meine Schüler sein, und wer nicht seine Brüder und Schwestern hasst und das Kreuz nicht trägt, wie ich es tue, wird meiner nicht würdig sein.

Unterwegs mit Schülern

Wenn Zen-Schüler während der Meditation einzuschlafen drohen, schlägt ihnen der Lehrer manchmal mit dem *Kyosaku,* einem Holzstock, auf die Schulter, um sie wieder achtsam zu machen und an ihre Praxis zu erinnern. Richtig gesetzt, kann der Kyosaku neben seiner „Aufweck-Funktion" auch Verspannungen in den Schultern lösen und blockierte Energien in Fluss bringen. Das erleichtert die aufrechte Körperhaltung während längerer Meditationsphasen. Einem Halbschlafenden einen Schlag zu versetzen, kann ziemlich erschrecken.

Wir alle kennen diese Schrecksekunden, die das ganze Vitalsystem auf Hochtouren bringen: Der Atem bleibt stehen. Wir bewegen uns nicht mehr. Die Ohren sind gespitzt und die Augen scharf gestellt. Höchste Achtsamkeit. Kein Denken mehr. Stille. Das Zur-Ruhe-Kommen des Verstandes, der ohne Unterlass um seine selbstgeschaffenen Objekte kreist, ist das Ziel der Meditations-Praxis, denn unsere *Buddha-Natur* liegt jenseits des Denkens. Sie macht das Denken überhaupt erst möglich. Vor ihren Augen vollzieht sich, was wir erleben.

Manche Sätze Yeshuas haben die Qualität des Kyosaku. Sie irritieren wie der Schlag des Stockes oder das plötzliche Brüllen des Weisen, das uns wach machen und in die Gegenwärtigkeit holen will. Yeshuas Worte erzeugen Widerstand und provozieren sogar. Er lullt uns nicht ein und streichelt nicht unser Herz. Das ist viel härter noch als der Kyosaku im Zendo! Waldo Vieira, ein zeitgenössischer brasilianischer Arzt, der sein Leben ganz dem Studium erweiterter Bewusstseinszustände widmete, spricht sehr treffend von *clarification task,* der Aufgabe, *aufzuklären.*[67] Sie ist ihm wichtiger als jeder Trost, den wir spenden könnten. *Clarification* statt *consolation.* So begegnet uns auch Yeshua mehr als Aufklärer denn als Tröster.

Doch die Kyosaku-Funktion ist nur die eine Ebene dieses Spruches (und einer Reihe ganz ähnlicher, die noch folgen werden). Dass er uns erschrecken mag, ist nur seine vordergründige Wirkung. Er transportiert vor allem eine Botschaft. Um diese etwas zugänglicher zu machen, sollten wir den sehr ähnlich lautenden Spruch 101 schon hier mit ansehen. Er ergänzt die irritierende Idee des Hasses um die der Liebe, ohne aber an der grundsätzlichen Aussage etwas zu ändern. Hier also Logion 101:

> *„Wer nicht Vater und Mutter hasst, wie ich es tue, der kann nicht mein Schüler sein, und wer nicht Vater und Mutter liebt, wie ich es tue, kann nicht mein Schüler sein. Denn meine Mutter hat mich geboren, doch meine wahre Mutter gab mir das Leben."*

Der letzte Satz dieses Spruches gibt uns den Code zum Verständnis an die Hand: Um die *wahre Mutter* geht es Yeshua, nicht um die *biologische;* um unser spirituelles Zuhause, nicht um das in Stein gehauene, in welchem wir auf Erden wohnen. In Logion 15 nennt er es auch das, was „nicht von einer Frau geboren wurde". Mit jedem Wort, das er sagt, will er uns auf jenes unsagbare ETWAS stoßen, das uns Leben gibt. Unsere wirkliche und ungeteilte Liebe soll diesem inneren Licht gelten, das wir sind, nicht dem Körper, in welchem es nur vorübergehend Wohnstatt genommen hat.

Hass und Liebe sind nur zwei veränderliche Punkte auf der Skala konditionierter Bewusstseinszustände. Beide sind gebunden an Körper und Personen, an deren Verhalten uns gegenüber und wie wir es beurteilen. Wie groß kann doch der Hass sein, der früher einmal Liebe war … Bedingte Liebe ist ein Geschäft. Wir „kaufen" Zuneigung und „bezahlen", indem wir sie erwidern. Tun wir das nicht, verstoßen wir gegen den Vertrag. Das ist ein Scheidungsgrund. Yeshua äußert sich in der Berpredigt sehr direkt zu dieser Art von Liebe:

> *„Wenn ihr (nur) die liebt, die euch lieben, welchen Lohn habt ihr davon? Tun nicht sogar die Steuereintreiber dasselbe?" (Mat 5,46)*

Liebe und Hass, wie die Welt sie verstehen, sind relativ, bedingt, wandelbar und endlich. Das eine kann jederzeit zum anderen werden. So sind sie nur die mehr oder weniger instabilen Ausdrucksformen ein- und derselben Sache: Emotionale Energie im Wandel der Zeit. Das alles hat mit unserer reinen Licht-Natur so wenig zu tun wie unser physischer Körper. *Das* will Yeshua uns hier sagen. Sein Kyosaku mag weh tun, doch er vermittelt REINE LIEBE, die die einzig wahre Form der Liebe ist. „Es gibt keine Liebe außer der LIEBE GOTTES", heißt es in „Ein Kurs in Wundern", und weiter:

> *„Du denkst vielleicht, dass verschiedene Arten von Liebe möglich sind. Du denkst vielleicht, dass es eine Art von Liebe für dieses, eine andere für jenes gibt; eine Art, den einen zu lieben, und eine andere Art, jemanden anderen zu lieben. Die Liebe ist eins. Sie kennt keine getrennten Teile und keine Grade, keine Arten und Ebenen, keine Abweichungen noch Unterschiede. Sie ist sich selber gleich, durch und durch*

unverändert. Sie verändert sich nie je nach Mensch oder Umstand. Sie ist das HERZ GOTTES und ebenso das SEINES SOHNES."[68]

Blick auf Nazareth, wo Yeshua seine Kindheit verbrachte.

56

Yeshua sagte:
Wer die Welt erkannt hat, hat eine Leiche entdeckt, und wer eine Leiche entdeckt hat, dessen ist die Welt nicht würdig.

So unterschiedlich dieser und der vorhergehende Spruch auch klingen, drücken sie dennoch dasselbe aus. Sie sind eine Aufforderung, zu unterscheiden zwischen Wirklichkeit und Illusion, Licht und Dunkelheit, Freude und Schmerz oder Ewigkeit und Vergänglichkeit. Diese Fähigkeit zu entwickeln, ist auch das Ziel des Yoga. Man nennt sie dort *Viveka,* das unterscheidende Gewahrsein. Im *Yogasutra* sagt Patanjali einen ganz ähnlichen Satz, der lautet: „Für einen, der sein Ziel erreicht hat, hört die Welt auf zu sein."[69] Das *Aufhören der Welt* – Buddha nannte es *Nirvana,* das Verlöschen – meint das

Eintreten in einen Bewusstseinszustand, in welchem „der Geist zu der Quelle zurückkehrt, der er entspringt“, wie Patanjali erklärt.[70]

Die Idee von *Viveka* oder das so mysteriöse *Entdecken einer Leiche* im Blick auf die Welt wird noch klarer, wenn wir uns auch den folgenden Vers aus dem *Yogasutra* ansehen:

> *„Die wahre Natur unseres Seins nicht zu verstehen, meint: Das Nicht-Selbst für das Selbst zu halten; es bedeutet, das Unreine mit dem Reinen, das Vergängliche mit dem Ewigen und das Glück mit dem Schmerz zu verwechseln.“*[71]

Um das rechte Unterscheiden geht es also. Physische Körper sind tot ohne die Lebensenenergie, die ihnen innewohnt. Ob Blume, Baum, Kuh oder Mensch – das gilt für alle Wesen. Sie werden inspiriert *(beatmet)* von der Energie des Lebens. Die Inder nennen sie *Prana*. *Chi* sagt man in China dazu. Yeshua nennt sie *Ruha,* den Atem, oder auch *Hayye,* die Lebenskraft.[72] Nur sie nehmen wir mit, wenn wir den Körper einmal verlassen. Die Lebenskraft und die verschiedenen Aspekte unseres Geistes bilden zusammen das, was man im Yoga *Jiva* nennt, die Seele: Ein vollständiges Wesen nicht-stofflicher Natur. Das also sind wir viel mehr als der zerfallende Körper.

57

Yeshua sagte:

Das Königreich des Vaters ist wie jemand, der gute Saat hatte. Sein Feind kam nachts und säte Unkraut zwischen die gute Saat.

Er ließ sie das Unkraut nicht herausziehen, sondern sagte ihnen: „Nein, ihr könntet das Unkraut herausziehen und den Weizen dazu. Am Tag der Ernte wird das Unkraut sichtbar sein und wird herausgezogen und verbrannt.

Dieser Jemand, der gute Saat hatte, sind wir selbst. Wir haben die gute Saat auf dem Acker unseres Herz-Geist-Feldes nicht genug gepflegt. Wir wurden unachtsam und haben das Unkraut wuchern lassen, das unser „Feind" – das Ego – gesät hat. Es wurde auch ein Leben lang von außen genährt, beeinflusst, erzogen und verbogen. So wurden wir zu Pawlowschen Hunden abgerichtet.

Yeshua rät uns nicht, das Unkraut herauszuziehen. Das will sagen: Wir können nicht einfach unseren Geist bekämpfen, denn wer kämpfte da gegen wen? Der Geist kann nicht gegen sich selbst in den Ring steigen. Aber wir können das Hilfreiche in uns kultivieren und die guten Samen zur Reife bringen. Dann ist es leichter, das Unkraut zu sehen und loszulassen (zu „verbrennen").

Die so gedeutete Idee des Verbrennens finden wir auch im Yoga: Dort geht es um das Verbrennen der *Samskaras,* jener unzähligen tief liegenden mentalen Eindrücke, die uns nicht bewusst sind, die aber umso mehr unser Leben und Erleben prägen. Auch Patanjali rät uns nicht, gegen das Negative in unserem Geist zu kämpfen. Vielmehr empfiehlt er, es zu überwinden, indem wir ihm positive Impulse geben und indem wir uns klar machen, dass Negativität nur zu Leid führt, bei anderen ebenso wie bei uns selbst:

„Wenn uns negative Gedanken oder Gefühle umtreiben, sollten wir gegenteilige Gedanken kultivieren. Negativen Gedanken und Gefühlen (…) begegnen wir, indem wir uns bewusst machen, dass sie nur zu endlosem Leid und Verblendung führen."[73]

Der Satz „Wenn uns negative Gedanken oder Gefühle umtreiben" impliziert, achtsam zu sein, uns das Negative also *bewusst* zu machen. Denn erst wenn wir *bemerken* – ganz praktisch im konkreten Augenblick, da es geschieht –, dass wir uns in schmerzhafte Gedankenmuster verrannt haben, können wir versuchen, ihnen die Energie unserer Aufmerksamkeit zu entziehen, welche sie nährt und wachsen lässt. Negative Gedanken sind der Brennstoff für negative Gefühle und damit für Leid. Das bewusste *Anschauen* ist die zwingende Voraussetzung dafür, etwas auch loslassen oder vergeben zu können.

„Gesegnet ist, wer gelitten hat und das Leben fand."

58

Yeshua sagte:
Gesegnet ist, wer gelitten hat und das Leben fand.

Die Idee, dass Leiden und Seligkeit irgendwie zusammengehören könnten, ist uns im christlich geprägten Abendland nichts Fremdes. Da gehen die Qual und der Himmel immer wieder zusammen. Wir denken an das Leid, das Yeshua am Kreuz erdulden musste, und daran, dass es uns von unserer angeblichen

Sündenlast befreit hat. Vor unserem inneren Auge ziehen Bilder von Märtyrern auf, die ihres Glaubens wegen Körperqualen ertrugen. Man erinnert sich an die Christenverfolgungen im alten Rom, nirgends eindrücklicher geschildert als im Film *Quo vadis?,* wo Christen vor den Augen des johlenden Publikums zu lebenden Fackeln wurden. Man muss auch daran denken, dass die Christen später selbst zu fanatischen Verfolgern wurden, zu „Teufelsaustreibern", die Hunderttausende quälten und umbrachten. Und natürlich ziehen Bilder von Fegefeuer und ewiger Verdammnis vor unserem inneren Auge auf – eine Orgie aus Blut und Angst, geeignet, sie immer wieder erzählerisch und filmisch als Horrorvision aufzubereiten.

Yeshua, Kirche, Schuld und Qual: Das ist der „mentale Eintopf", der so fatal nach Angst schmeckt, über Jahrhunderte stets aufs Neue angerührt und serviert. Die Angst jedoch ist das Gegenteil der Liebe; und ob wir nun gläubig sind oder nicht, diese Samen wurden über viele Generationen hinweg gesät und gewässert. Sie liegen auf dem Grund unseres Geistes und tun dort ihre Wirkung.

Dabei meint das Wort *gelitten,* das Yeshua hier benutzt, etwas völlig anderes als die logisch verdrehte christliche Idee vom Leiden. Es bedeutet zudem noch mehr, denn es kann auch mit *gearbeitet* übersetzt werden.[74] In dieser Doppelbedeutung erhält das Logion erst seinen tieferen Sinn und schließt sich thematisch nahtlos an den vorherigen Spruch an.

Das „Verbrennen des Unkrauts" (Logion 57) – jener tief liegenden mentalen Eindrücke auf unserem Herz-Geist-Feld, die immer wieder zu schmerzhaften Gefühlen führen – geschieht nicht über Nacht. Es verlangt Entschlossenheit, Bemühung und Geduld. Im Yoga nennt man die Entschlossenheit *Sankalpa.* Es gibt dort auch ein sehr wichtiges Wort, das die Ideen von Leid und Arbeit miteinander verbindet, ganz so, wie Yeshua es in diesem Spruch tut. Im Kontext von Logion 2, wo es um das Suchen und Finden geht, haben wir es schon erwähnt: Es ist *Tapas,* das wörtlich *Hitze* bedeutet. Es kann sowohl mit *Schmerz* als auch mit *Bemühung* übersetzt werden. Beide Facetten sind es, die uns zum inneren Licht führen.

Da ist zum einen das, was ich den *Schmerz des Lebens* nennen möchte: Egal, was wir tun, wo und unter welchen Umständen wir leben, ob unser Sein mehr oder weniger Leid bereithält, *entgehen* können wir diesem nicht. Alter, Krankheit, Tod und der damit verbundene Schmerz warten auch auf den Reichsten der Reichen und den Glücklichsten unter den Glücklichen. Alle betreten wir immer wieder *negative Räume* im Leben. Es sind meist erst sie, die uns wach machen und uns zu den Fragen nach dem Woher und Wohin im Leben führen. „Manchmal", so sagt Swami Vivekananda, ist das Elend ein größerer Lehrer als das Glück."[75] Insoweit der Schmerz uns wachsen lässt, kann er eine *Gnade* sein –andernfalls ist er nur sinnlose Qual. Nur so macht Yeshuas Spruch Sinn, dass selig sein könne, wer gelitten habe. Die Erfahrung von Leid macht uns zu reifen Wesen, die Mitgefühl für das Leid der anderen empfinden und nach Auswegen suchen. Im Buddhismus ist das Mitgefühl die Kraft, die dafür sorgt, dass verwirklichte Wesen auf ein Sein in körperloser Glückseligkeit verzichten. Sie legen ein Gelübde ab, *Bodhisattvas* zu werden, also so lange immer wieder zu inkarnieren, bis alle Wesen vollständig vom Leid befreit worden sind.

Es ist auch der spirituelle Weg *an sich,* der Leid bereithält. Der indische Swami Yatiswarananda (1889–1966) spricht sogar von großem Leid und weiß das gut zu begründen:

> *„Die spirituelle Entwicklung bringt dem Sucher zunächst großen Schmerz, nicht Glück. In den mittleren Stufen wird sein Leben sehr schwierig. Dann hat er kein wirkliches Interesse mehr an seinen weltlichen Angelegenheiten, kann aber dennoch die Selbstverwirklichung noch nicht erlangen, weil sie noch jenseits seiner Reichweite ist. Es ist wie ein Hängen in der Luft, ohne nach oben oder unten gehen zu können."*[76]

Die Idee der *Arbeit* bezieht sich ganz konkret auch auf unsere spirituelle Praxis. Es ist keine leichte Übung, in die Stille der Meditation und Selbstbeobachtung hineinzugehen, nur um festzustellen, dass da keine Stille ist, sondern ein rastloser Geist. Wie sehr, das kann man erst sehen, wenn man einer Meditationspraxis nachgeht. Unzählig sind die Samen, die Gedanken erzeugen und immer wieder neue Gedanken. Ängste können aufsteigen. Das ist Arbeit und nicht angenehm. Es kann einem sogar den Schweiß auf die Stirn treiben, obwohl man dabei doch keinen Finger bewegt.

59

Yeshua sagte:
Sucht den Lebendigen, solange ihr lebt, sonst könntet ihr sterben und dann versuchen, den Lebendigen zu finden, und ihr werdet nicht fähig sein, zu sehen.

In den vorangegangenen Sprüchen ging es um das Herausziehen des Unkrauts (Logion 57) und darum, dass es Arbeit bedeutet und manchmal auch Schmerz bereiten kann (Logion 58). Hier nun sagt Yeshua, was geschieht, wenn wir den inneren Weg nicht gehen, nicht „arbeiten“ und „leiden“ wollen, vertrauend darauf, dass schon richtig sein möge, was die Religionsführer uns einzutrichtern versuchen, dass wir nämlich nach dem physischen Tod ins Paradies einziehen würden, vorausgesetzt, wir tun im Leben, was man uns sagt.

„Das ist falsch!“, ruft Yeshua uns zu. Dort (im „Astralen“ nach dem Tode) erleben wir eine Welt, die ebenso illusionär ist wie die Welt des Physischen. Unser Körper ist dann feinstofflicher und – das macht die Sache umso schwieriger – unsere Gedanken erzeugen Wirklichkeit viel schneller und unmittelbarer, als das in der trägen Welt des Physischen der Fall ist, mit anderen Worten: Was wir denken, geschieht dort sofort. Man kennt das aus den unzähligen Berichten über Nahtod- und außerkörperliche Erfahrungen oder auch aus luziden Träumen. „Wie der Mensch in seinem Herzen denkt, so ist er", heißt es im Alten Testament.[77] Wir treten in Resonanz mit jener Welt, die unserem Denken entspricht, mehr noch: Die unser Denken erst erschaffen hat.

Hier und jetzt, heute und in diesem Leben, sagt Yeshua, müssen wir suchen und anklopfen, uns bemühen und selbst verstehen. Wir sollen unseren Geist reinigen und „den Lebendigen" finden.

60

Er sah einen Samariter, als er ein Lamm trug auf dem Weg nach Yehuda.* Er sagte zu seinen Schülern:
Dieser Mann trägt ein Lamm mit sich.

Sie sagten zu ihm:
Dann kann er es töten und essen.

Er sagte zu ihnen:
Er wird es nicht essen, solange es am Leben ist, sondern erst, nachdem er es getötet hat und es ein Kadaver geworden ist.

Sie sagten:
Anders kann er es nicht machen.

Er sagte zu ihnen:
Genauso ist es mit euch. Sucht euch einen Ort, um zu ruhen, sonst könntet ihr ein Kadaver werden und gegessen werden.

* Judäa

Das arme Lamm, das der Samariter mit sich herumträgt, ist eine *lebende Leiche,* bestimmt dazu, zu sterben. „Achtet darauf, dass ihr nicht selbst zu lebenden Leichen werdet, euch verstrickend in die Welt, mag Yeshua uns hier sagen. Wenn wir keinen Ort haben, zu ruhen, wenn wir nicht in die innere Stille gehen, dann sind wir so unfrei und tot wie das Lamm, das zur Schlachtbank getragen wird. Nicht Lämmer sollen wir sein, sondern autonome Wesen, wissend um unsere Christus-Natur.

Aus der Sicht Yeshuas ist das, was wir *Normalität* nennen, bestenfalls das Dasein eines Totengeistes. Ein solcher heißt in der kreolischen Sprache, wie man sie heute noch auf Haiti spricht, *Zonbi.* Bei uns wurde das Wort *Zombie* daraus. Wenn wir nicht ab und an Einkehr halten, sind wir Zombies, irgendwie am Leben und dennoch tot.

61

Yeshua sagte:
Zwei werden auf einem Bett liegen. Einer wird sterben, einer wird leben.

Salome sagte:
Wer bist du, Herr? Woher kommst du, der du dich auf mein Bett gelegt und von meinem Tisch gegessen hast?

Yeshua sagte zu ihr:
Ich bin jemand, der aus dem kommt, was ganz ist. Mir wurde von den Dingen meines Vaters gegeben.

Salome sagte:
Ich bin deine Schülerin.

Yeshua sagte:
Ich sage, wenn man ganz ist, wird man von Licht erfüllt sein, ist man aber geteilt, wird man von Dunkelheit erfüllt sein.

Spontan mag man an einen Akt der Hellsichtigkeit denken: Mit Salome liegt Yeshua auf dem Bett.* Er weiß, dass einer von beiden, er selbst nämlich, bald den Tod am Kreuz sterben muss. Das ist freilich eine nur oberflächliche Deutung. Die Botschaft geht sicher tiefer. Sie erinnert mich an den Tod und seinen „kleinen Bruder", wie der Philosoph Arthur Schopenhauer (1788–1860) den Schlaf einmal genannt hat: Wenn wir den traumlosen Tiefschlaf schlafen, dann stirbt alles, was wir im Wachbewusstsein zu sein glauben: Da ist kein Körper mehr, den wir fühlen, kein Jemand mehr, der wahrnimmt und irgendetwas zu „Ich" und „Mein" macht. Wir wissen nichts mehr über uns, unser Leben, unsere Liebsten. Wir sind ohne Wollen oder Nichtwollen, ohne Angst und ohne Sorgen. Reines Sein. Frieden – wenn auch zeitlich befristet. Ein Weiser berichtet uns im *Yoga Vasistha,* einem voluminösen Werk aus dem 8. Jahrhundert:

> *„Ich fragte mich: ‚Was ist tiefer Schlaf?' Ich begann, den Schlaf zu erforschen. Wenn man sich denkt, ‚Was habe ich noch zu schaffen mit diesen Objekten der Welt? Lasse mich eine Zeit lang in vollkommenem Frieden ruhen', dann steigt der Schlaf auf."*[78]

Im Tiefschlaf, so lehrt es die spirituelle Philosophie Indiens, erfahren wir die *Leere,* den glückseligen Zustand des Ohne-Mangel-Seins, einen Zustand der *Fülle.* Ihm verdanken wir es, am nächsten Morgen erholt wieder aufzuwachen. Wir sind uns dessen leider nicht

---

* Ob Yeshua und Salome Bett und Tisch teilten, wissen wir nicht. Vielleicht saßen sie nur gemeinsam auf einer Liege, und Yeshua war Gast in Salomes Haus.

bewusst und erinnern uns normalerweise nicht an den Tiefschlaf (was nicht bedeutet, dass die Aufrechterhaltung des Bewusstseins nicht im Prinzip bis in den Tiefschlaf hinein trainiert werden könnte. Doch die meisten Menschen erinnern sich ja kaum an ihre Träume.)

Ein anderes Wort für den erleuchtenden Zustand eines Samadhi ist *Turiya,* das bedeutet „vierter Zustand" und meint einen Bewusstseinszustand, der Wach-, Traum- und Tiefschlafzustand überschreitet. Er wird in den Schriften immer wieder mit der Wachheit im Tiefschlaf verglichen, den man auch *Prajna,* die Weisheit, nennt. Wachsein im Tiefschlaf ist Erleuchtung.

So können wir das Bild nun vervollständigen: „Zwei" gehen da ins Bett: Unser Körper (und sein Ego) sind der eine. Prajna, die Weisheit oder tiefere Wirklichkeit, *die wir in Wahrheit sind,* ist der zweite. Der erste stirbt, der zweite wird leben.

Das Bild lässt sich natürlich auf unser ganzes Sein im physischen Körper erweitern: Wenn wir geboren werden, dann legen sich da zwei ins (Körper-)Bett: Das Ego und der Funke ABWUNS. Dieser Funke ist das, was Yeshua (und uns) von ABWUN gegeben wurde, wie er sagt. Körper und Ego müssen sterben, das wissen wir auch ohne Hellsichtigkeit. Der Funke ABWUNS jedoch lebt ewig, weil er aus der Ganzheit kommt. Auch ein „Teil" aus der Unendlichkeit muss immer noch eins mit der Unendlichkeit beiben, weil sie sich nicht teilen lässt, denn dann wäre sie nicht mehr grenzenlos. Das ist auch der einfachen Logik zugänglich.

Ich bin jemand, der aus dem kommt, was ganz ist – Das bedeutet, Yeshua identifiziert sich nicht mit dem Geteilten, das sterben wird, sondern mit der Ganzheit, die ewig lebt. Eben diese Idee bringt sogar sein aramäischer Name zum Ausdruck: Yeshua kommt von *Yah* und *shua. Yah* ist der Urgrund, aus dem alles kommt und in den alles wieder einströmt. Wir finden diese Silbe auch in YHWE, dem Wort für Gott in der hebräischen Fassung der Bibel. Und *shua* heißt so viel wie wiederherstellen oder ganzmachen, auch heilen oder retten.

Jemanden, der ganz (oder heil) geworden ist wie Yeshua, durchflutet von *Sophia:* Wer würde nicht, wie Salome, Schüler eines solchen Lichtwesens werden wollen?

62

Yeshua sagte:
Ich offenbare meine Geheimnisse jenen, die ihrer würdig sind.

Lasse deine linke Hand nicht wissen, was deine rechte Hand gerade tut.

Yeshua hatte wohl nicht vor, sein esoterisches Wissen allen Menschen zu vermitteln. Daher empfahl er seinen Schülern, vorsichtig zu sein, wem sie davon erzählten. „Seid schlau wie die Schlangen", rät er in Logion 39. Man muss schon Offenheit mitbringen und ein Sehnen nach tieferer Wahrheit; aber nicht jeder ist bereit dafür. In Logion 13 sagte Yeshua seinem Schüler Toma drei Worte, die dieser nicht einmal an seine Brüder weitergeben sollte.

Der zweite Satz des Logions scheint zunächst rätselhaft. Was will uns das sagen, dass die linke Hand nicht wissen solle, was die andere gerade tut? In der Bergpredigt findet sich eine ähnliche Empfehlung im Zusammenhang mit dem Almosengeben:

> *„Wenn ihr Almosen gebt, lasst eure linke Hand nicht wissen, was eure rechte Hand tut, so dass euer Almosen im Verborgenen geschehen möge und euer Vater, der ins Verborgene sieht, wird euch offen vergelten." (Mat 6,3)*

Das Almosengeben, von dem nur die eine – nämlich die gebende – Hand weiß, verfolgt das Ziel, die eigene Großzügigkeit nicht nach außen zu tragen. Das Prahlen mit unserer Freigiebigkeit dient mehr unserem Ego, als dass wir helfen wollten. Doch im vorliegenden Logion geht es wohl nicht um das Ego, sondern um das *Verschwiegensein.* Yeshuas Wissen ist geheim und nur für einen eingeweihten Schülerkreis gedacht. So fügt der zweite Satz sich nahtlos an den ersten. Seid vorsichtig, was ihr außerhalb unserer vertrauten Reihen sagt. Haltet euch bedeckt!

Der Reiche

63

Yeshua sagte:
Es gab einen Reichen, der sehr viel Geld hatte. Er sagte: „Ich werde mein Geld so anlegen, dass ich säen, ernten und pflanzen kann und mein Lagerhaus mit Waren fülle. Dann wird es mir an nichts mangeln." Dies ist es, was er im Herzen dachte, doch genau in dieser Nacht starb er. Wer Ohren hat, soll hören.

Das ganze Leben lang hat da einer geschuftet, gesammelt und seinen Reichtum aufgehäuft. Irgendwann, so dachte er bei sich, sei er abgesichert und könne alles in Ruhe genießen. Doch so weit sollte es nicht kommen.
Wie viele von uns doch das Leben auf ein Nachher verschieben. Doch was ist, wenn es kein Nachher gibt? Wäre dies der letzte Tag, den ich zu leben hätte, was würde ich tun?

64

Yeshua sagte:
Jemand wollte Gäste empfangen. Als er das Abendessen bereitet hatte, sandte er seinen Diener aus, um die Gäste einzuladen. Der Diener ging zum Ersten und sagte zu ihm: „Mein Herr lädt dich ein.“ Dieser sagte: „Einige Kaufleute schulden mir Geld; die kommen heute abend. Bitte entschuldige mich.“

Der Diener ging zu einem anderen und sagte zu ihm: „Mein Herr hat dich eingeladen.“ Dieser sagte zum Diener: „Ich habe ein Haus gekauft und wurde gerade für einen Tag fortgerufen. Ich werde keine Zeit haben.“

Der Diener ging zu einem anderen und sagte zu ihm: „Mein Herr lädt dich ein.“ Dieser sagte zum Diener: „Mein Freund heiratet, und ich muss das Hochzeitsmahl bereiten. Ich werde nicht kommen können. Bitte entschuldige mich.“

Der Diener ging zu einem anderen und sagte zu ihm: „Mein Herr lädt dich ein.“ Dieser sagte zum Diener: „Ich habe Grund gekauft, und ich muss die Pacht eintreiben. Ich werde nicht kommen können. Bitte entschuldige mich.“

Der Herr sagte zu seinem Diener: „Gehe hinaus auf die Straße und bringe zum Abendessen, wen immer du auch findest.“

Käufer und Händler werden das Haus meines Vaters nicht betreten.

„Mein Herr lädt euch ein.“

Die Botschaft dieses Logions ist ziemlich klar. Auf der äußeren Ebene sagt Yeshua uns, dass es da noch mehr gibt als den Mammon. Weiter gefasst, spricht Yeshua natürlich nicht nur vom Ökonomischen – dem Wettrennen im Raffen und der damit einhergehenden Ausbeutung und Zerstörung – sondern generell vom Verstricktsein in das Getriebe aus Machen und Tun, in welchem wir zu bewusstlosen Zahnrädern einer Maschine werden. So verleugnen wir uns selbst und verlieren *Ruha d'Qudsha,* unser Lebenslicht. Das wird uns nicht vergeben werden, sagt Yeshua in Logion 44. Vor 2500 Jahren schrieb Zhuangzi, ein Weiser aus China, über diesen Zustand des Menschen:

„Einige gibt es, deren Niedergang ist wie Herbst und Winter – so ließe sich ihre Auflösung von Tag zu Tag beschreiben. Andere ertrinken dermaßen in Aktivität, dass man sie nicht wiederbeleben kann. Und wieder andere werden so müde, dass sie wie in einer Hülle versiegelt sind – so ließe sich ihre Senilität beschreiben. Ihr Geist ist dem Tode so nahe, dass nichts mehr sie verjüngen kann.“[79]

Auf welches Pferd wollen wir setzen – auf jenes, das stirbt, oder jenes, das leben wird?

65

Er sagte:
Ein rechtschaffener Mann besaß einen Weinberg und verpachtete diesen an ein paar Bauern, damit sie ihn bewirtschafteten und er seinen Ertrag von ihnen erhielte.

Er sandte seinen Diener aus, damit die Bauern ihm den Ertrag des Weinbergs geben sollten. Sie packten ihn, schlugen ihn und töteten ihn beinahe, und der Diener kehrte zurück und erzählte es seinem Herrn.

Sein Herr sagte: „Vielleicht haben sie ihn nicht erkannt.“ Er sandte einen anderen Diener, und die Weinbauern schlugen auch diesen.

Dann schickte der Herr seinen Sohn und sagte: „Vielleicht werden sie meinem Sohn Respekt zollen.“ Da die Bauern wussten, dass er der Erbe des Weinbergs war, packten und töteten sie ihn. Wer Ohren hat, der soll hören.

Der Mann, der den Weinberg besaß, mag rechtschaffen gewesen sein. Und doch verlor er, was ihm am Nächsten war. Er arbeitete nicht selbst auf seinem Weinberg. Er grub keine Erde um, säte nicht, erntete nicht, sondern zählte nur sein Geld. Er war nicht einmal bereit, den Ertrag selbst abzuholen. Er verlieh gegen Zins, was er hatte, um mehr aus seinem Haben zu machen. Er betrog niemanden und hielt sich an die Gesetze. Dennoch verlor er, was er am meisten liebte.

Unser Inneres ist ein Weinberg. Wir müssen uns schon selbst darum kümmern, wenn wir wollen, dass dort gute Früchte wachsen. Jeden Tag müssen wir aufs Neue auf diesen Berg gehen und nachschauen, ob alles in Ordnung ist, damit die Früchte reifen und wir das Unkraut dann verbrennen können. Wenn wir sind, wie der Reiche, der sein Lagerhaus für die Zukunft füllt, oder die Käufer und Händler, die keine Zeit haben, nach innen zu schauen, verlieren wir das, wonach wir uns am meisten sehnen – unser Lebensglück.

Dies Logion vermittelt auch die Unsicherheit des Lebens und fügt sich damit in eine Reihe mit den vorausgehenden. Weinberge, Lagerhäuser, Geld oder was auch immer – die physische Seite des Seins ist fragil und kann die Zeit nicht überdauern. Was wollen wir zu den tragenden Säulen unseres Lebens machen? Darum geht es auch im nächsten Spruch.

66

Yeshua sagte:
Zeige mir den Stein, den die Bauarbeiter abgewiesen haben: Das ist der Eckstein.

Erinnern wir uns an Logion 64 und die freundliche Einladung des Gastgebers. Allen Eingeladenen war das Essen nur eine unbedeutende Angelegenheit. Keiner nahm sich die Zeit dafür, weil jeder scheinbar Wichtigeres zu tun hatte. So schlugen sie die Einladung aus.

Jeden Tag spricht die Schöpfung zu uns. Jeden Tag lädt sie uns aufs Neue ein, uns ihrer Heiligkeit gewahr zu werden. Immer wieder bittet sie uns an ihren Tisch. Nehmen wir uns die Zeit und geben IHR Raum? Oder schlagen wir die Einladungen aus?

Die Bauarbeiter sind wir: Maurer und Architekten, die das Haus des Lebens gestalten. Zum Bauen gehört die Statik. Es ist gut zu wissen, welche Elemente die schwersten Lasten tragen können. Wie oft wir doch das Unwichtige für wichtig halten und dabei das Wichtigste übersehen.

67

Yeshua sagte:
Jemand, der alles weiß, doch in sich selbst Mangel leidet, dem mangelt es an allem.

Im ersten Logion sagte der Meister, dass Unsterblichkeit erlangt, wer die Auslegung seiner Worte versteht. Er meint ein Verstehen, das lebendiger Natur ist, keine intellektuelle Akrobatik. Deshalb spricht er so viel in Bildern und immer wieder auch in Rätseln: Damit wir in einen *aktiven Prozess des Verstehens* eintreten. Seine Sprüche auswendig zu lernen, ist vergebene Lebensmühe. Sie wollen erarbeitet sein (Logion 58). Fakten machen nur ein Lagerhaus aus unserem Geist.

Das können wir Menschen ja besonders gut: Wir sammeln Daten über Daten. Doch je weiter wir in den Kosmos blicken, desto unfassbarer erscheint er uns. Je mehr wir in die Grundbausteine der Natur hineinschauen, umso ungreifbarer wird uns die Welt. Im Allergrößten wie im Allerkleinsten entziehen sich die Dinge unserem sinnlichen und kognitiven Zugriff. So viel wir auch je wissen mögen, *letzte Erkenntnis* können wir so nicht erlangen, weil Materie, Zeit und Raum dafür ein ungeeignetes Feld sind. Fernrohre und Mikroskope können den Eckstein nicht finden, es ist nur ein endloses Herumstochern in der Peripherie, ohne die Chance, zum Zentrum vorzustoßen. *Das kann allein die innere Arbeit.* Und um diese geht es in den folgenden Sprüchen.

„Kein Ort wird gefunden werden."

68

Yeshua sagte:
Gesegnet seid ihr, wenn ihr gehasst und verfolgt werdet, und kein Ort wird gefunden werden, wo ihr verfolgt werdet.

69

Yeshua sagte:
Gesegnet seid ihr, die ihr in euren Herzen verfolgt worden seid. Nur ihr kennt wirklich den Vater. Selig seid ihr, die ihr hungert, so dass der Bauch des Bedürftigen gefüllt werde.

70

Yeshua sagte:
Wenn ihr hervorbringt, was in euch ist, wird euch retten, was ihr habt. Wenn ihr nichts in euch habt, wird euch das, was ihr nicht in euch habt, töten.

Die drei Sprüche variieren ein Bild, dem wir schon in Logion 58 begegnet sind: „Gesegnet ist, wer gelitten hat und das Leben fand." Verfolgung, Leiden, Hunger und andere Qualen – was hat alles das mit Seligkeit zu tun, einem Glück also, das nicht von dieser Welt ist? Das äußere Leiden des Körpers kann hier nicht gemeint sein. Sich morden zu lassen für den *Glauben,* was sollte das bezwecken? Nur *Erkenntnis* führt zum Opfer, das Yeshua hier anspricht – dem Tod des Egos. Um unsere Ich-Zentriertheit zu transzendieren, müssen wir durch die Wüste des Geistes, dorthin, wo Ängste, Öde, Unsicherheit und Mangel auf uns warten, weit weg von allem Gewohnt-Vertrauten und von allen Schönfärbereien, die wir uns von uns selber machen. Der Psychiater C. G. Jung schrieb über seine Vision in der Wüste:

> *„Meine Seele führt mich in die Wüste, in die Wüste meines eigenen Selbst. Ich dachte nicht, dass mein Selbst eine Wüste ist, eine dürre, heiße Wüste, staubig und ohne Trank. Die Reise führt durch heißen Sand, langsam watend, ohne sichtbares Ziel, auf Hoffnung. Wie schaurig ist diese Öde. (…)*

Warum ist mein Selbst eine Wüste? Habe ich zu sehr außer mir selbst gelebt in Menschen und Dingen? Warum mied ich mein Selbst? War ich mir nicht teuer? Aber ich habe den Ort meiner Seele gemieden. Ich war meine Gedanken, nachdem ich nicht mehr die Dinge und die anderen Menschen war. Ich war aber nicht mein Selbst, meinen Gedanken gegenübergesetzt. Ich soll auch über meine Gedanken emporsteigen zu meinem eigenen Selbst. Dahin geht meine Reise, und darum führt sie weg von Menschen und Dingen in die Einsamkeit. (...)
Meine Seele, was soll ich hier? Meine Seele aber sprach zu mir und sagte: ‚Warte.' Ich höre das grausame Wort. Zur Wüste gehört die Qual."[80]

„Wie schaurig ist diese Öde." (C.G. Jung)

Logion 68: *Der Hungrige wird Glückseligkeit erlangen* – Glückseligkeit ist mehr als einfach nur Glück, das doch nichts anderes ist als ein verschiebbarer Punkt auf einer Geraden, die zwischen Glück und Schmerz verläuft. Die Sprache des Sanskrit nennt sie *Sukha* und *Dukha,* das Angenehme und das Unangenehme. Glückseligkeit aber ist *Ananda,* die Transzendenz dieser beiden Pole.

Der *Hungrige* wird Glückseligkeit erlangen, denn er hungert nach der Wahrheit. Nur die Sehnsucht vermag uns zu ihr zu führen. Je stärker das Sehnen, umso schneller erreichen wir das Ziel, wie Yogi Patanjali lehrt.[81] Wer nicht sehnt, der sucht nicht. Wer nicht sucht, der findet nicht die Tür, um anzuklopfen. Niemand wird ihm öffnen.

Diese Sehnsucht ist das Zeichen dass wir „erwählt" sind, sagt der anonyme Autor der *Wolke des Nichtwissens.* Dem ernsthaften Sucher gibt er dazu diesen Hinweis:

> *„Dein ganzes Leben muss von jetzt ab immer von der Sehnsucht erfüllt sein, wenn du auf der Stufenleiter zur Vollkommenheit aufsteigen willst."*[82]

Es geht hier nicht um halbe Sachen! Mit dieser Sehnsucht einher geht die Ahnung, dass die Welt uns kein vollkommenes Glück schenken kann, sonst gäbe es kein Sehnen. Das Streben in der Welt beginnt schal zu schmecken, und die Regeln ihres Funktionierens wirken zunehmend wahnsinnig. Dies zu spüren, kann weh tun und Angst machen, denn der Datenkranz der Existenz löst sich auf. Kein Festhalten mehr. Vom Wahnsinn zum Sinn. Weil die Welt in ihrem Irrsinn aber diesen Prozess auslöst, das ist das Paradoxe, kann sie gleichzeitig den Weg zum Himmel weisen.

Logion 69: Die *Verfolgung* hat keinen anderen Ort als unser Inneres. Im Herzen werden wir geprüft, wenn wir uns erforschen auf dem Weg zur eigenen Tiefe.

Logion 70: Wir sind eine Seele, die einen Körper hat, nicht ein Körper, der eine Seele hat. Wenn wir unsere Verbindung zum Innersten verloren haben, sind wir tot auch dann, wenn unser Körper noch atmen mag – ein Weinstock fern von Abwun (Logion 40). Sind wir verbunden mit dem inneren Licht, so leben wir über den Tod hinaus. So werden wir getötet im Leben und gerettet im Sterben. Zombie oder Lichtnatur.

71

Yeshua sagte:
Ich werde dieses Haus zerstören, und niemand wird in der Lage sein, es wieder aufzubauen.

Yeshua der Zen-Lehrer! Das Haus, das er zerstören will, ist unser Geist, durch welchen wir in eine gefärbte Welt blicken. Den konditionierten Geist zu zerstören, bedeutet zugleich seine Neugeburt. Von der Verwirrung zu kristallener Klarheit. Ein Sehen mit anderen Augen.

Es gibt Erfahrungen im Leben, die verändern uns für immer. Was bedeutet Veränderung auch anderes, als den Tod des Alten und die Geburt des Neuen? „Ich werde dieses Haus zerstören", sagt Yeshua. Ich möchte den Satz ergänzen: „Damit der darin eingesperrte Geist befreit werde."

Zu dieser Befreiung gehört auch das Loslassen vermeintlichen Wissens, alles Deutens und Urteilens, um „zu verharren in göttlicher Fassungslosigkeit", wie der C.G. Jung es einmal ausdrückte. In sein *Rotes Buch* schrieb er die folgenden Zeilen unter ein Kapitel, das *Höllenfahrt in die Zukunft* heißt. Er wendet sich an seine Seele mit der Bitte um einen reinen Geist, der ohne Denken und Urteil einfach sehen kann, was ist:

„Die Fülle meines Wissens droht auf mich zu stürzen. Mein Wissen hat ein Heer von tausend Rednern mit Stimmen wie

Löwen; die Luft zittert, wenn sie reden, und ich bin ihr wehrloses Opfer. Halte weg von mir das kluge Erklären, die Wissenschaft, jenen üblen Kerkermeister, der die Seelen bindet und in lichtleere Zellen sperrt. Aber vor allem schütze mich vor der Schlange des Urteils, die nur an der Oberfläche eine Heilschlange ist, in deiner Tiefe aber höllisches Gift und qualvolles Verenden.“[83]

72

Jemand sagte zu ihm:
Sage meinen Brüdern, dass sie meines Vaters Besitz mit mir teilen sollen.

Er sagte zu ihm:
Mann, wer hat mich zum Teiler gemacht?

Er wandte sich seinen Schülern zu und sagte zu ihnen:

Ich bin kein Teiler, oder?

Die zahllosen Fragen weltlicher Natur sind nicht das Thema Yeshuas. Was soll ich tun in der Welt? Was nehme ich mir davon? Welchen Beruf soll ich ergreifen? Wie werde ich reich und glücklich? Wer ist mein Traumpartner? Wie gewinne ich Einfluss und setze meine Interessen durch? Sogar um Hilfe bei Erbstreitigkeiten wird Yeshua gebeten. Zur Beantwortung der Frage nach der Aufteilung des Besitzes wendet er sich seinen Schülern zu und stellt eine rhetorische Frage, mit der er zum Ausdruck bringt, dass es die EINHEIT ist, um deretwegen er in die Welt kam, nicht die Teilung.

Wir mögen in den großen Schriften der Menschheit suchen so lange wir wollen und werden dennoch nicht fündig, wenn wir wissen möchten, was wir in der Welt tun sollen, um Vorteil und Erfolg zu erlangen. Allein diesen Rat können wir finden: Uns auf den Weg zu machen und um des Höchsten willen zu leben. Doch nur wenige sind es, die den Mut dazu haben. Ihnen sind die folgenden drei Logia gewidmet.

73

Yeshua sagte:
Die Ernte ist groß, doch nur wenige Arbeiter sind es. Bittet den Meister, dass er Arbeiter zur Ernte aussendet.

74

Jemand sagte:
Meister, viele stehen um die Tränke, doch es ist nichts im Brunnen.

75

Yeshua sagte:
Viele stehen vor der Tür, doch (nur) die, die allein sind, werden das Brautgemach betreten.

Wer Ohren hat, soll hören, sagt Yeshua immer wieder, wohl wissend, dass nur die Wenigsten wirklich hinhören. *Alle sind berufen, wenige wählen zu hören,* heißt es auch in *Ein Kurs in Wundern*. Es ist noch ein weiter Weg, bis alle Wesen so weit sind, dass sie hinhören. Vieler Lehrer (oder Arbeiter) braucht es deshalb auf der Welt (Logion 73). Sie sollen die frohe Botschaft verbreiten, dass wir im Kern unseres Seins reine Fülle sind und vom kühlen Nektar der Unsterblichkeit genährt werden. Vor unseren Augen steht die Tränke. Doch wir sehen sie nicht (Logion 74).

Sagte Yeshua nicht, dass alles Verborgene aufgedeckt werden wird? Der WEG erfordert nicht nur Entschlossenheit, sondern auch Geduld. Wenn der Moment kommt, da die Braut (der Mensch) einsam ist, frei von allem, was nicht Wahrheit ist, bar jeder Ver-Bildung und Ver-Blendung und ohne jede Vorstellung von Gott: Dann darf er in das Brautgemach, um sich mit dem Höchsten zu verbinden (Logion 75). Die Meditation will uns in jene Einsamkeit führen, die uns vorbereitet für diese Hochzeit. Meister Eckhart predigt über die Meditation:

> *„Und darum, so du alle Kräfte allermeist einziehen kannst und in ein Vergessen aller Dinge und ihrer Bilder geraten, die du je in dich zogst, und je mehr du der Kreatur vergissest, umso näher bist du diesem und umso empfänglicher. Könntest du aller Dinge zumal unwissend werden, ja könntest du in ein Unwissen deines eigenen Lebens kommen, wie es Sankt Paulus geschah, als er sprach: ‚Ob ich in dem Leib war oder nicht, das weiß ich nicht, Gott aber weiß es wohl'* – da hatte der Geist alle Kräfte so ganz in sich gezogen, dass er des Körpers vergessen hatte, da wirkte weder Gedächtnis noch Verstand, noch die Sinne, noch die Kräfte; ebenso geschah es Moses, da er die vierzig Tage auf dem Berge fastete und doch nicht schwächer wurde – so sollte der Mensch allen Sinnen entweichen und all seine Kräfte nach innen kehren und in ein Vergessen aller Dinge und seiner selber kommen. In diesem Sinne sprach der Meister zur Seele: Zieh dich zurück von der Unruhe äußerer Werke, flieh also, und verbirg dich vor dem Ungestüm äußerer Werke und inwendiger Gedanken, sie schaffen nur Unfrieden.“*

* Meister Eckhart nimmt hier Bezug auf den 2. Brief von Paulus an die Korinther (2. Kor 12,2–5).

Das reine Sein ohne Körper, Gedanken, Gefühle, Erinnerungen, Wissen und Ego, das Meister Eckhart hier beschreibt: Es ist identisch mit dem *Yoga* Patanjalis, dem *Nirvana* Buddhas oder mit *Malkutha,* Yeshuas Königreich.

Der kluge Kaufmann

76

Yeshua sagte:

Das Königreich des Vaters gleicht einem Kaufmann, der einen Vorrat an Waren hatte und dann eine Perle fand. Dieser Kaufmann war klug; er verkaufte die Waren und kaufte diese eine Perle für sich selbst. So sollt auch ihr seinen Schatz suchen, der nicht verdirbt, der dort bleibt, wo keine Motten hinkommen, um ihn zu fressen, und den kein Wurm zerstört.

Die Perle oder der große Fisch – beide sind das Beste, was wir bergen können. Es sind zwei Bilder für ein und dasselbe Licht, das in und über allen Dingen ist. Die Perle ist mehr wert als alles, was wir je kaufen oder verschenken könnten, mehr sogar, als wir uns ausdenken könnten, denn sie transzendiert Name, Form, Vorstellungskraft und jeden menschlich zugemessenen Wert. Alles das ist ihr sogar im Wege wie jene *tausend Redner mit Stimmen von Löwen,* um nochmals das Bild aus C. G. Jungs Traum aufzugreifen (Logion 71). Deshalb gibt der Kaufmann gerne alles weg für sie. Er tauscht das Vergängliche gegen die Ewigkeit, Haben gegen Sein.

Im Zen nennt man die Perle des Kaufmanns den *Familienschatz.* Es ist ein schöner Begriff, wie ich finde, denn ihr Licht strahlt gleich in allen Wesen, wie verschüttet sie auch sein mag. Atman ist Brahman. Brahman ist Atman. In dieser Hinsicht gleichen wir uns alle. Wir sind eine große Familie.

77

Yeshua sagte:
Ich bin das Licht in allen Dingen. Ich bin alles. Aus mir ist alles entsprungen und zu mir ist alles gelangt. Spalte ein Stück Holz. Ich bin dort. Hebe den Stein hoch, und du wirst mich dort finden.

Gott in einem Holz oder unter einem Stein? Inmitten von Modergeruch, schmutziger Erde und ekligem Gewürm? So soll Gott sich uns zeigen? Keinen Ort im Kosmos gibt es, sagt Yeshua, an dem das Höchste sich nicht manifestieren würde. In der *Bhagavad Gita* bittet Arjuna seinen spirituellen Lehrer Krishna, ihm zu sagen, wie das Göttliche sich in der Welt offenbart. Krishna antwortet:

> *„Ich bin das Selbst, das im Herzen aller Wesen wohnt. Ich bin Anfang, Mitte und Ende ihres Lebens. (…) Lieber Arjuna! Von allem, was erschaffen ist, bin ich Anfang, Mitte und Ende. (…) Ich bin der Bewahrer. Mein Antlitz ist überall. Ich bin der Tod, der alles verschlingt (…) Ich bin Magashirsha, der erste Monat des Jahres, und unter den Jahreszeiten bin ich der Frühling, der die Blumen bringt. (…) Ich bin*

der Stock, der straft, und die Strategie, die siegt. Ich bin die Stille des Geheimnisses. Die Weisheit der Wissenden – das bin ich. Der Same aller Wesen bin ich, Arjuna. Was auch existiert, ob es sich nun bewegt oder nicht: Nichts kann sein ohne mich.“[84]

„Ich bin das Licht in allen Dingen.“

Aus der Ganzheit können wir nichts und niemanden ausschließen. Das geht schon rein logisch nicht. Was auch ist und welches Attribut wir ihm auch zukommen lassen wollen: Das Höchste kann nicht weniger sein als ALLES–WAS–IST. Dies schließt auch das Schreckliche mit ein. Für uns Menschen des Westens, die wir das Wort *Gott* etymologisch von *gut* ableiten, mag das nur schwierig anzunehmen sein. Doch könnte Gott weniger sein als alles? Und weil das so ist, ging Yeshua auch dahin, wo die „anständigen" Menschen seiner Zeit nicht hingingen: Zu den Kranken und Aussätzigen, um sie zu heilen, oder zu den Prostituierten, um sie vor dem wütenden Mob zu beschützen. Er war einer, der das Tao lebte. Er war wie das Wasser:

> *„Der beste Weg zu leben, ist zu sein wie das Wasser. Denn Wasser ist gut zu allen Dingen und wendet sich gegen keines. Es sorgt für alle Wesen und reinigt auch jene Orte, an die der Mensch nicht gehen will. In dieser Hinsicht gleicht es dem Tao."*[85]

78

Yeshua sagte:
Warum seid ihr aufs Land hinaus gekommen? Um ein Schilfblatt zu sehen, das sich im Winde wiegt? Oder um einen Menschen zu sehen, der in weiche Gewänder gekleidet ist wie eure Herrscher und Mächtigen? Sie sind in weiche Gewänder gekleidet und können die Wahrheit nicht verstehen.

Ein Blatt, das sich sanft im Wind wiegt, vermag uns näher an unsere Essenz zu führen als die größten Errungenschaften menschlicher Kultur. Das Blatt ist Schöpfung, nichts Gemachtes. Reichtum, Macht und Gemachtes führen uns weder zum Glück noch zu innerer Freiheit. Das Blatt vergleicht sich mit nichts und niemandem. Es ist, was es ist. Demütig erlaubt es dem Leben, durch seinen Körper zu fließen. Im *Friedensevangelium der Essener* ruft Yeshua seine Schüler auf, diese Schöpfungsenergie aufzunehmen – und zu sein wie das Gras:

> *„Berührt das Gras und fühlt den Engel der Energie, wie er durch eure Fingerspitzen in euch hineingeht, wie er durch*

euren Körper nach oben fließt und euch schüttelt, bis ihr vor Erstaunen und Ehrfurcht zittert. (…) Denn wahrlich, ich sage euch, der Strom des Lebens fließt durch jedes lebende Wesen, und alles, was lebt, badet in dem Heiligen Strom des Lebens.“[86]

79

Eine Frau in der Menge sagte zu ihm:
Gesegnet sei der Schoß, der dich zur Welt brachte, und die Brüste, die dich stillten.

Er sagte zu ihr:
Gesegnet sind, welche das Wort des Vaters gehört und wirklich behalten haben. Es werden Tage kommen, da du sagen wirst: „Gesegnet sei der Schoß, der nicht empfangen, und die Brüste, die nicht Milch gegeben haben.“

80

Yeshua sagte:
Wer die Welt erkannt hat, hat den Körper entdeckt, und wer den Körper entdeckt hat, dessen ist die Welt nicht würdig.

Immer wieder begegnet uns dieses Spiel mit der unwirklichen Körperlichkeit, hier nun in einer Szene, in welcher eine Frau Yeshua ihre Ehrerbietung erweist. Sie glaubt an den Mann, den sie sieht, an den Körper, der vor ihr steht, ohne aber den *Spirit* zu erkennen, der in ihm wirkt, aus dem er kommt und spricht, mit dem er in Bewusstheit verbunden ist, jenen *Spirit,* an den er uns mit jedem Wort, das er sagt, erinnern will. Die Perle ist in der Tiefe, nicht an der Oberfläche.

Nicht anbeten sollen wir Yeshua, sondern werden wie er. Es wäre dies der größte Liebesbeweis für ihn: Dass wir *Christi* werden, statt *Christiani* zu sein. Das ist der tiefe Sinn der Nachfolge.

81

Yeshua sagte:
Lasst einen, der reich geworden ist, regieren; und lasst den, der Macht hat, ihr entsagen.

Über die Armut, wie Yeshua sie versteht, haben wir im Zusammenhang mit Logion 54 schon gesprochen, wo es heißt, dass die Armen selig sind, weil sie in das Königreich eingehen. Wer „arm geworden" ist, kann nicht regieren, denn er verlöre das Königreich. Er wird sich nicht in den politischen Zwist begeben. „*Divide et impera* – teile und herrsche!" lautet der Rat an den Politiker. Doch Yeshua will nicht teilen (Logion 72), sondern heilen. So lasst also die Reichen regieren, sagt er, jene, die sich für ein anderes Pferd entschieden haben. Spiritualität und Politik vertragen sich nicht gut. Wo sie sich vermählen, werden sie zu Religion und Herrschaft. Und wo das der Fall ist, das zeigt uns die Geschichte, da herrschen Scheinheiligkeit und Unterdrückung.

Yeshuas Macht ist nicht politischer Natur. Sein Thema ist die *Macht des Geistes*, die vor allem eine *Macht über uns selbst* ist. Wer sie besitzt, der ist wirklich mächtig, denn nichts ist schwieriger zu erobern, als der eigene Geist. Und keine Eroberung könnte es geben, deren Ausbeute größer wäre: Ihr Lohn ist innerer Frieden. Wer ihn gefunden hat, wird über niemanden mehr herrschen wollen: „Das Tao nährt und schützt alle Wesen, doch niemals verlangt es die Herrschaft über sie."[87]

Wir sehen: Auf dem inneren Weg gelten die umgekehrten Prinzipien wie auf dem äußeren. Dort ist das Weniger mehr und das Ziel das Eine, nicht das Viele. Nicht *Divide et impera,* sondern *Unio Mystica.*

82

Yeshua sagte:
Wer mir nahe ist, der ist dem Feuer nahe, und wer weit weg ist von mir, der ist weit weg vom Königreich.

Im *Erlöser-Evangelium* – einem weiteren apokryphen Text, der erst vor wenigen Jahren entdeckt wurde – findet sich ein ganz ähnliches Wort Yeshuas in noch stärker zugespitzter Form:

> *„Wenn mir jemand nahe ist, dann wird er brennen. Ich bin das lodernde Feuer. Wer mir nahe ist, der ist dem Feuer nahe. Wer mir fern ist, der ist fern dem Leben.“*[88]

Yeshua, der Weisheitslehrer

Yeshua nahe zu sein, verlangt nicht, ihm als Person und Körper in Zeit und Raum nahe zu sein. Vielmehr bedeutet diese Nähe, einen

Weg der inneren Reinigung zu gehen, wie er ihn ging, ganz egal wo und in welcher Zeit wir leben.

Reinigung ist Wandel, und Wandel bedeutet die Überwindung von Widerständen. Die Überwindung von Widerständen verursacht Reibung, und Reibung erzeugt Hitze. Yeshuas Weg ist transformierend und damit ein Weg des Feuers. Nur die Hitze vermag das Gold aus dem Erz zu schmelzen und aus der Kohle den Diamanten zu machen. Nur einer, der *gelitten* und an sich *gearbeitet* hat, kann selig werden. (Logion 58) Neben der Hitze wohnt dem Feuer aber noch eine zweite Kraft inne: das Licht. Wo die Hitze der *Weg* (oder die Methode) ist, da ist das Licht sein *Ziel.* Es ist auch Thema des nächsten Logions.

83

Yeshua sagte:
Ihr seht Bilder, doch das Licht darin ist verborgen im Bild des Lichtes des Vaters. Er wird sich offenbaren, doch sein Bild bleibt verborgen durch sein Licht.

Überallhin fällt das Licht der Sonne. Allen Wesen schenkt sie Wärme. Doch berühren oder direkt ansehen können wir sie nicht. Zu heiß und hell ist sie. Sie würde uns verbrennen und blenden. Abwun ist wie die Sonne. An jedem Ort ist seine Energie. In jeder Form, die wir sehen, und in jedem Klang, den wir hören, wirkt Abwun. Doch Abwun selbst: Wer von uns erkennt ihn schon in den Dingen der Welt? Wer von uns schaut den Baum an und *fühlt wirklich,* dass das Höchste sich darin zum Ausdruck bringt?

Selbst wenn wir Erleuchtung erfahren, wenn Abwun sich also offenbart, kann er nicht gesehen werden, wie er ist. Und das hat, so seltsam es klingen mag, einen *logischen* Grund. Denn was heißt es überhaupt, wenn wir sagen, Erleuchtung zu erlangen oder dem

Höchsten zu begegnen? Wer erlangt da was oder wer begegnet wem? Eigentlich begegnet da alles allem und niemand nichts. Denn wenn es in der Gipfelerfahrung der Meditation zum Zustand des Yoga kommt, wenn wir also das Königreich des Himmels betreten, dann verlieren wir uns selbst. Keiner ist da mehr, der etwas erfährt, das nicht er selber wäre. Und wenn und solange er dort ist, kann er auch niemandem davon berichten. Der Entrückte spricht kein Wort. Sucher und Gesuchtes fallen im Prozess des Suchens in eins. *Samapatti,* das Zusammenfallen, nennt Patanjali diesen Zustand. Reines Gewahrsein wird sich seiner selbst gewahr. Nirgendwo Subjekt. Nirgendwo Objekt. Nur Sein.

ABWUN ist nicht dies oder das, nicht hier oder dort. Er IST einfach. Und er ist in sich selbst. Der Vater kann nicht angeschaut werden. So bleibt auch im Zustand der Erleuchtung ein letztes Geheimnis, „denn wenn du Ihn je fühlen oder sehen können wirst“, wie Anonymus sagt, „sofern dies hienieden möglich ist, so kann dies doch immer nur in jener Wolke und Dunkelheit geschehen“.[89] ABWUN kann nicht angeschaut werden. Und doch offenbart er sich uns, und sein Bild erscheint in den Myriaden Formen des Kosmos. Obgleich wir ihn mit dem Verstand nicht begreifen und den Augen nicht sehen können, ist er doch ganz und gar erfahrbar:

> *„Gott selbst kann kein Mensch gedanklich fassen. Und daher will ich alles, was ich denken kann, hinter mir lassen und zum Gegenstand meiner Liebe erwählen, das nicht gedacht werden kann. Denn Gott kann wohl geliebt, aber nicht gedacht werden. Von der Liebe lässt er sich fassen und halten, vom Intellekt jedoch nicht.“*[90]

84

Yeshua sagte:
Wenn ihr euer Abbild seht, seid ihr glücklich. Doch wenn ihr aber eure Abbilder seht, die vor euch entstanden, und die weder sterben, noch sichtbar sind, wie viel werdet ihr dann ertragen!

Auch wenn wir es uns kaum vorstellen können, Yeshua und Krishna sind sich darin einig, dass, wer Gott erfahren hat, alles ertragen kann. „Wer dorthin vorgedrungen ist“, sagt Krishna in der *Bhagavad Gita,* „für den gibt es nichts mehr zu erreichen, und nichts kann ihn je wieder erschüttern, nicht einmal das schlimmste vorstellbare Leid.“[91]

85

Yeshua sagte:
Adam entsprang einer großen Macht und großem Reichtum, doch er war eurer nicht würdig. Wäre er würdig gewesen, hätte er den Tod nicht geschmeckt.

Das hebräische Wort *Adam* bedeutet *Mensch* und bezeichnet kein Geschlecht.[92] Er entsprang der Grenzenlosigkeit Gottes. Doch dann trennte er sich und verlor den Garten Eden. Er vergaß sein Erbe und wurde ein Sterblicher, der sich auf Erden plagen und Schmerzen ertragen musste, wie die *Genesis* erzählt.

Warum hielt Adam sich nicht an Gottes Rat? Wir wissen es nicht. Wir hören, dass Buddha erwachte, doch warum er eingeschlafen war, bleibt ein Mysterium. Wir hören von Erleuchteten, doch warum sie in die Dunkelheit hinabgestiegen sind, vermag uns niemand zu sagen. Auch Yeshua gibt uns hierauf keine Antwort. Antworten, die wir verstehen könnten, wären auch nur Antworten auf der Ebene der Relativität. Doch die Relativität kann uns nicht erklären, warum sie sich von der Absolutheit trennte. Der Schlafende sagt uns nicht, warum er schläft.

Der Schmerz weckt ihn eines Tages auf. Dann kehrt er um und geht zurück zu seiner ursprünglichen Einfachheit, die er im Grunde niemals verloren hat. Das ist das unfassbare *Grand Design* der Schöpfung – eigentlich eine einzige *Grand Illusion*. „Unsere Geburt ist nichts als ein Traum und ein Vergessen", dichtete der britische Poet William Wordsworth (1770–1850) so treffend.[93] Das alles kann niemals erklärt werden, nur transzendiert.[94]

Adam, der erste Mensch, der hinabstieg, ist Gott ferner als die Apostel. Deshalb sagt Yeshua, sei er ihrer „nicht würdig". Seine Schüler gehören zu jener großen Karawane, die sich aufgemacht hat, den Weg zurückzugehen. Adam ging fort. Doch die Schüler kehren heim. Adam wurde sterblich. Wer aber wird wie Yeshua, „wird den Tod nicht schmecken".

86

Yeshua sagte:
Füchse haben ihre Behausungen und Vögel ihre Nester, doch das Menschenkind hat keinen Ort, seinen Kopf hinzulegen und zu ruhen.

Fließen die meisten Tiere nicht mehr mit dem Leben als wir Menschen? Sie tun, wozu sie geboren sind. Darüber müssen sie nicht nachdenken. Sie wissen instinktiv um ihre Bestimmung. Ihr Geist ist nicht so kompliziert wie der unsere. Bosheit kennen sie nicht. Gut und Böse haben keinen Platz in ihrem Sein. Den Kampf ums Überleben, ja, der ist ihnen wohlvertraut, und sie tragen ihn täglich aus. Wie grausam die Natur doch sein kann! Doch nicht einmal der Löwe tut, was er tut, aus Zorn, Hass oder Eifersucht, seine Motivation ist nicht, einem anderen weh zu tun. Er tötet, weil er muss. Alles „Niedere“ ist der „niederen Kreatur“ fremd. Nur was sich höher fühlt, wie der Mensch es tut, und unterscheidet zwischen oben und unten, kann nieder sein. Der Mensch als Spezies hat die Nicht-Menschen nie verstanden. So fühlt er nicht mit ihnen.

In ihrer Einfachheit und Authentizität sind die Tiere in Frieden mit sich selbst. Sie haben ein Zuhause und eine Ruhestatt. Der Mensch aber ist ein rastlos Getriebener, immer unzufrieden. Und je mehr er hat, umso mehr will er haben. Er ist *bisha*, unreif.

So ist der Mensch ein selbst verschuldetes Mängelwesen, gefesselt an seine Schein-Natur. Doch manchmal wenden seine Augen sich zum Himmel, sehnsüchtig dem Flug des Vogels nachblickend. Welche Freiheit! Ein Moment der Klarheit! Eine kurzes Aufblitzen der Gnade des Ewigen Lichtes in der Dunkelheit. Wenn wir so weit sind, die Reise zu beginnen, lässt Gott es uns fühlen. Swami Yatiswarananda schrieb:

> *„Der Große Vater oder die Große Mutter beobachtet die Kinder beim Spiel. Erst wenn das Kind seiner Spielzeuge und kindischen Beschäftigungen müde wird, geht Gott wirklich auf das Kind zu und zieht es fort von seinem Spielzeugland der Illusionen.“*[95]

87

Yeshua sagte:
Elend ist der Körper, der von einem anderen Körper abhängt. Und elend ist die Seele, die von beiden abhängt.

Das Physische kann nur aus dem Physischen leben. Der Samariter aus Logion 60 muss das Lamm töten, wenn er es essen will. Das Kind braucht seine Mutter.

Die Situation unserer Abhängigkeit mag sich im Lauf des Lebens wandeln. Wir sammeln Besitz an, um wirtschaftlich unabhängiger zu werden. Wir trainieren unseren Körper und ernähren uns vernünftig, um länger „fit" zu sein. Wir pflegen unsere Beziehungen. Das alles ist wichtig und gut so. Doch es ändert nichts am grundsätzlichen Problem der Relativität und Abhängigkeit, schon gar nicht an der Tatsache, dass wir sterben werden.

Das körperliche Sein ist ohne Zweifel eine fragile Angelegenheit. Jede Sekunde kann unsere letzte sein. „Elend" ist das Wort, das Yeshua dafür benutzt. An diesem grundsätzlichen Elend lässt sich nichts ändern. Sogar die größten unter den Weisen mussten ihren physischen Körper ablegen. Und keiner ist in dieser Hinsicht völlig frei von Angst, vor allem im Hinblick auf die mögliche Leidhaftigkeit des Sterbens. Buddhisten nennen den physischen Tod den *schmerzhaften Bardo* oder Übergang. Selbst Yeshua erlebte eine Nacht voller Angst im Garten Gethsemane, bevor er verhaftet wurde und seinen leidvollen letzten Gang als körperliches Wesen antrat. Patanjali sagt im Yogasutra:

> *„Die Angst vor dem Tod ist eine sich selbst erhaltende Kraft, die auch in weisen Menschen wirksam ist."*[96]

Doch auch wenn das so ist: Yeshua und die anderen Weisen wussten und wissen um ihre spirituelle Essenz, die ihre eigentliche Wirklichkeit ist. Yeshuas Seele ist von keinem Körper abhängig, nicht dem eigenen, noch dem eines anderen. Sie ist *nicht* elend, sondern befreit in Ewigkeit.

88

Yeshua sagte:

Botschafter und Propheten werden zu euch kommen und euch geben, was euch gehört. Auch ihr sollt ihnen geben, was ihr habt, und euch fragen: „Wann werden sie kommen und sich nehmen, was ihnen gehört?“

Was geben uns die Botschafter und Propheten? Das Wissen um die Wahrheit unseres Seins. Aus unbekanntem Grund verließen wir den Garten und wählten ein Sein in der Welt, das uns immer wieder mit Schmerz konfrontiert. Wir legten uns in Ketten. Die Propheten und die Engel, die in unsere Ohren flüstern, erinnern uns an das, was wir vergessen haben.

Was könnten wir ihnen dafür je zurückgeben? Ich glaube nicht, dass sie unsere Ehrerbietung und Anbetung suchen. Bestimmt keine Dinge, Opfer oder Riten. Unser Geschenk an sie kann allein die Erkenntnis der Wirklichkeit sein. Denn sie bringt den Funken Gottes, der wir sind, zurück zu ABWUN. Unser größtes Geschenk an sie ist zugleich das größte Geschenk an uns, denn es heilt die Ganzheit. Jeder Einzelne, der nach Hause kommt, macht die Familie glücklich.

89

Yeshua sagte:

Warum wascht ihr das Äußere des Bechers? Versteht ihr nicht, dass der, der das Innere gemacht hat, auch das Äußere gemacht hat?

Das Innere geht dem Äußeren voraus, und das Feine kommt vor dem Groben. Die Fülle kommt aus der Leere, die Musik aus der Stille.

Vielheit kommt aus Einheit, das Komplexe aus dem Einfachen. Alles Innere, die nicht greifbare „Leerheit" oder *Wu,* wie man im Taoismus sagt, gibt den Dingen erst ihr Sein und ihren Sinn. Im *Tao Te King* bringt Laotse, der Alte, diesen Gedanken auf erhellende Weise zum Ausdruck:

> *„Wu ist das Nichts, die Leere, die Nicht-Existenz. Die dreißig Speichen eines Rades begegnen sich in einer gemeinsamen Nabe. Aber es ist die Öffnung in der Mitte der Nabe, welche allein das Rad sich drehen lässt. Ton wird zu einer Tasse geformt. Aber erst der Raum in ihrem Inneren ermöglicht der Tasse, Wasser zu halten. Wände werden miteinander verbunden, um ein Zimmer zu bauen. Doch erst wenn man eine Tür und ein Fenster herausschneidet, kann man das Zimmer betreten und darin leben.*
> *Also: Wenn eine Sache nur Existenz allein hat, dann ist sie bloß tote Masse. Erst wenn sie auch Wu hat, hat sie Leben."*[97]

Uns Menschen scheint allein die Welt der Formen real. Dazu gehören auch unsere mentalen Schöpfungen, also Gedanken, Gefühle, Erinnerungen und so weiter. Doch es ist das Potenzial der Leere, aus dem alles kommt, was existiert. Wir mögen den Becher (unseren Körper) hegen und pflegen. Doch ist es das Innere, dem wir uns zuwenden sollten.

90

Yeshua sagte:
Kommt zu mir, denn mein Joch ist leicht und meine Herrschaft ist sanft, und ihr werdet Ruhe in euch finden.

Immer wieder zeigt der Meister sich als ein schonungsloser Aufklärer. Von Feuer, Schwert und Krieg spricht er, von den inneren Widersprüchen, die wir versöhnen müssen, von Leiden, Hunger und Arbeit, von der Zerstörung unseres Hauses und dem Elend des Körpers.

Mit dem Wort *Joch* verbinden wir eigentlich etwas, das uns auferlegt ist, eine schwere Last, ein schlimmes Schicksal. In ein Joch sind wir eingespannt, es nimmt uns die Freiheit. Doch die ursprüngliche Idee ist eine andere. Das deutsche Wort *Joch,* das englische *yoke* sowie das altgriechische *zygon* leiten sich von einer gemeinsamen Quelle her, nämlich von dem Sankskrit-Wort *Yoga*, das *Verbindung* heißt. Es meint nicht eine Verbindung wie die des unter das Joch gespannten armen Ochsens, sondern eine Verbindung innerer Art, und das ist die Verbindung mit Atman, unserem inneren Licht, das eins ist mit Brahman, dem Höchsten.

Yeshuas Joch ist Weg und Ziel. Sein Yoga nimmt uns nicht die Freiheit, sondern bringt sie uns wieder. Es führt uns zu innerem Frieden.

91

Sie sagten zu ihm:
Sage uns, wer du bist, damit wir an dich glauben können.

Er sagte zu ihnen:
Ihr schaut das Gesicht von Erde und Himmel an, aber ihr erkennt nicht den, der euch gegenwärtig ist, und ihr wisst nicht, wie ihr diesen Moment anschauen könnt.

92

Yeshua sagte:
Sucht und ihr werdet finden. In der Vergangenheit habe ich euch nicht die Dinge gesagt, nach denen ihr mich gefragt habt. Nun will ich sie euch sagen, doch ihr fragt nicht danach.

Auf Wunder hoffen die Schüler und auf Trostworte wie Nebelkerzen. Der Kosmos hat Yeshua wahrlich einen schwierigen Auftrag gegeben! „Die ganze Erde sucht ihr ab und den Himmel“, sagt er, „alles erforscht ihr und sammelt euer Wissen im Lagerhaus eures Geistes. Vollgestopft seid ihr und überlegt euch, was ihr morgen tun wollt. Ihr sinniert über das, was gestern war. Doch einfach nur in diesem Moment sein, das könnt ihr nicht. Wie arm ihr doch seid!“

Nach allem, was gesagt ist, wünschen die Schüler immer noch Zeichen. Sie erforschen sich nicht selbst. Sie meditieren nicht, suchen nicht, klopfen nicht an. Ihr Inneres ist ihnen so fremd wie ein Exoplanet. Das Äußere des Bechers interessiert sie, doch nicht sein Nektar. Betrunken sind sie von der Welt, kein Sehnen nach der Wahrheit haben sie (Logion 28). Ohne diesen Durst, der uns zu Suchern macht, sind wir verdorrende Weinstöcke.

93

Gebt den Hunden keine heiligen Dinge, sie könnten sie auf den Misthaufen werfen. Werft keine Perlen vor die Schweine, sie könnten sie wie Schmutz behandeln.

An anderer Stelle schon mahnte Yeshua seine Schüler, „schlau wie die Schlangen" zu sein (Logion 39), denn nicht jeder ist reif für die Geheimnisse des Lebens, die er lehrt (Logion 69). Ein Mensch mit einem Geist, der nicht offen ist für die Ideen der Mystik, wird sich kopfschüttelnd abwenden und seine Botschaften abtun. Schlimmstenfalls wendet er sich sogar aggressiv gegen den Botschafter selbst, wie Yeshua es in der Bergpredigt sagt.* Yeshua und seinen Schülern sollte es so ergehen. Manches Große und Weite bleibt besser geheim in einer engen Welt.

94

Yeshua sagte:
Wer sucht, der wird finden, denn wer anklopft, dem wird geöffnet werden.

Dieses Logion muss kaum noch kommentiert werden. Yeshua sagte das schon mehrfach (Logion 2, 59, 92). Und er wiederholt es noch einmal. Das Suchen ist also wichtig. Ohne Suche kein Fund. Das Höchste wird nicht erfahren durch logisches Schließen, sondern durch *Praxis*. Christus-Bewusstsein will erlebt sein, nicht erdacht.

---

* So heißt es in einer parallelen Stelle im Matthäus-Evangelium: „Gebt den Hunden keine heiligen Dinge und werft eure Perlen nicht vor die Schweine, sonst trampeln sie darauf herum und wenden sich gegen euch, um euch anzugreifen." (Mat 7,6)

95

Yeshua sagte:
Wenn ihr Geld habt, verleiht es nicht gegen Zinsen, sondern gebt es einem, der es euch nie zurückzahlen wird.

Was für eine Botschaft für die Wirtschaft von heute! Utopisch – nein, skurril sogar! Doch ist wirklich so abwegig, was Yeshua hier sagt?

Das Geld wurde geschaffen, um den Austausch von Gütern des täglichen Bedarfs zu erleichtern. Anstatt mich auf die Suche zu machen, einen zu finden, der hat, was ich brauche, und braucht, was ich habe, wie das in der archaischen Tauschwirtschaft der Fall war, erfand der Mensch sich Münzen und Papierscheine. Seitdem gehen wir zum Händler um die Ecke und bekommen, was wir benötigen. Geld war nichts weiter als ein praktisches Mittel zum Zweck. Doch es mutierte selbst zum Zweck. Die Menschen versuchen aus und mit Geld mehr Geld zu machen. Das dient keinem Wesen. Die Gier ist eine Krankheit des Geistes, und der deprimierende Zustand der Natur spiegelt uns das. Obgleich jedes Kind weiß, dass man Geld nicht essen und Glück nicht kaufen kann, versuchen die Menschen, ihre innere Wüste damit zu bewässern. Dabei machen sie sie nur noch öder.

96

Yeshua sagte:

Das Königreich des Vaters gleicht einer Frau, die etwas Hefe nahm, in den Teig gab und daraus große Brotlaibe machte. Wer Ohren hat, soll hören.

Mit einem ersten Schritt nur machen wir uns auf den langen Weg der Selbstentwicklung. Nicht über Nacht können wir *Sophia,* die Perle der Weisheit, die das Königreich ist, finden. Doch ein kleiner Same schon genügt, und ein großer Baum kann daraus erwachsen. Einen Funken Neugier nur braucht es, zum Beispiel die Frage: „Ist wirklich wahr, was ich sehe?" oder „Warum bin ich hier?" oder „Wo komme ich her?" oder „Was ist der Sinn meines Lebens?" oder „Wer bin ich?"

Kleine Funken schon können unseren Geist in Brand stecken – im Positiven wie im Negativen. Deshalb ist es so wichtig, welche geistige Nahrung wir zu uns nehmen, was wir also in uns lebendig machen (Logion 11). Wir sind, was wir essen.

Yeshuas Leben und Sterben dienten einer einzigen Sache: Heilige Funken auf unserem Geistfeld zu schlagen. „Ich habe Feuer geworfen auf die Welt, und seht, ich hüte es, bis es lodert." (Logion 10)

97

Yeshua sagte:

Das Königreich des Vaters gleicht einer Frau, die einen Krug voll Mehl trug. Sie war schon weit gegangen, da brach der Henkel des Kruges, und das Mehl rieselte hinter ihr auf die Straße. Unachtsam wie sie war, bemerkte sie es nicht. Als sie zu Hause ankam, setzte sie den Krug nieder und fand ihn leer.

Welche Gemeinsamkeit lässt sich finden zwischen einem, der alles verliert, ohne es zu bemerken, und dem Königreich ABWUNS? Ist es nicht genauso mit unserem Leben? Wir sammeln, nur um irgendwann zu bemerken, dass wir gar nichts haben. Nur um das Äußere haben wir uns gekümmert, doch innen wurden wir leer. Das rastlose Gehen auf den Straßen der Welt blutete uns aus.

Es ist ein dramatischer Moment, wenn man bemerkt, dass der Krug leer ist. Es tut sehr weh. Doch dieses klare Hinschauen ist auch ein Anfang. Und als solcher ist er Gnade.

Wir können die Deutung des Logions aber auch anders wenden. Die Straße mag unser spiritueller Weg sein, bei dem wir alles *vergeben* und hinter uns lassen müssen, damit das Höchste darin Einzug halten kann. Wir müssen zum leeren Becher werden. Das Loslassen unserer Konditionierungen ist aber nicht einfach und geschieht nur allmählich, so dass wir es nicht gleich bemerken: Wer spürt schon das verloren gegangene Gewicht von nur etwas Mehlstaub? Doch Schritt für Schritt werden wir leichter. Irgendwann ist alles abgesetzt. Der leere Krug wird zum Symbol für das Königreich selbst, für jene Armut, von der Yeshua in Logion 54 spricht.

Beide Deutungen bringen uns eine gute Botschaft: Der leere Krug als die Leere im Leben, die uns auf den Weg bringt, das Königreich zu suchen. Oder der leere Krug als Bild für das Königreich, in das wir, unbemerkt, schon Einzug genommen haben. Eines Tages wachen wir auf und wissen: „Ich bin angekommen!" Das ist der Tag, an dem wir über Yohanan, jenen seltsamen Mann, der nur Heuschrecken und Honig aß (Logion 46), hinausgewachsen sein werden.

98

Yeshua sagte:
Das Königreich des Vaters gleicht einem, der einen Mächtigen töten wollte. Als er zu Hause war, zog er sein Schwert und stieß es in die Wand, um zu sehen, ob es stark genug war. Dann konnte er den Mächtigen töten.

Erinnern wir uns an Logion 7, wo es um den Löwen geht. Er ist der Mächtige. Alles, was wir erfahren, bindet er an sich, macht es zu Ich und Mein: Wahrnehmungen, Gedanken und Gefühle, Hab und Gut, Meinungen, Wissen, Macht und endlos so weiter. Alles Mein! Und zusammen ist alles, was mein ist, mein Ich. Es bedarf schon einer starken Waffe, um diesen Löwen auch nur zu zähmen, gar zu überwältigen – ihn, der aus dem Vielen, das er zu haben glaubt, seine steinerne Festung baut. Tausend Gesichter trägt er, und seine Raffinesse ist unerschöpflich.

Zu Hause sein – das meint die Introspektion, Meditation, Achtsamkeit. In der Kammer unseres Herzens begegnen wir dem Löwen und werfen unser Licht der Bewusstheit auf ihn. So integrieren wir ihn, nehmen ihn an und lassen ihn los: Wir „essen" ihn. In diese Kammer gehen wir nicht nur am Morgen oder Abend, im förmlichen Gebet oder in der meditativen Stille des Alleinseins, denn auch im täglichen Leben können wir zu Hause sein: Immer dann, wenn wir achtsam sind. In der eigenen Mitte.

Das *starke Schwert* oder die scharfe Klinge – das ist *Viveka,* unsere Unterscheidungskraft, die lebendig ist, wenn wir bewusst in die Welt schauen – auf das, was wir denken, fühlen, sagen und tun, auf das also, was geschieht, und unsere Reaktionen darauf. Mit anderen Worten: Auf diesen Moment und wie wir gerade darin sind. Was ist wirklich, was unwirklich? Wo ist der Löwe und wo bin ich, wo die Leiche und wo das Leben? In Logion 56 ging es darum. Und auch im radikalen Logion 105 wird Yeshua wieder darauf zurückkommen. Im Grunde geht es in jedem der 114 Fingerzeige zum Selbst, die das Thomas-Evangelium bilden, nur um diese eine Klinge, die abschneidet, was Illusion ist. Wer König sein will, benötigt ein gutes Schwert.

99

Die Schüler sagten zu ihm:
Deine Brüder und deine Mutter stehen draußen.

Er sagte zu ihnen:
Jene, die den Willen meines Vaters tun, sind meine Brüder und meine Mutter. Sie sind es, die in das Königreich meines Vaters eingehen werden.

Yeshua, der Heiler

Es ist kaum anzunehmen, dass Yeshua seine Familie lange vor der Türe hat stehen lassen, denn jeden ließ er ein in sein Herz – sogar die römischen Soldaten, die ihn ans Kreuz schlugen und um sein Gewand würfelten.

Yeshuas *eigentliche* Familie aber sind jene, die den Weg mit ihm gehen. Es spricht von spiritueller Bruderschaft, von der Einheit im Geiste. Seine Blutsverwandten waren ihm nicht wichtiger als seine Schüler oder die Kranken vor den Toren der Stadt.

100

Sie zeigten Yeshua eine Goldmünze und sagten zu ihm: Caesars Leute verlangen Steuern von uns.

Er sagte zu ihnen:
Gebt dem Caesar, was des Caesars ist, gebt Gott, was Gottes ist, und gebt mir, was mein ist.

Auf einen, der sie vom Joch der Römer befreit, hoffen die Anhänger Yeshuas. Doch er ist nicht gekommen, um das zu tun. Jahrhunderte knechteten die Herrscher ihre Völker, und sie tun es noch heute an vielen Orten der Erde. Sie erobern, rauben, unterdrücken, morden, foltern und richten ihre Untertanen hin. Yeshua konnte daran nichts ändern, ebenso wenig wie Moses, Buddha, Laotse, Mohammed oder irgendein anderer der großen Eingeweihten.

Es ist nicht das politische Los, das Yeshua zu verbessern suchte. Jeder, der darauf hoffte, muss deshalb unsäglich enttäuscht worden sein. Allein um den Ausbruch aus dem inneren Kerker ging es ihm. Und doch besteht da ein Zusammenhang: Nur der Friede im Inneren kann am Ende auch das Äußere befrieden. Solange auch nur ein einziges Wesen auf der Welt seine Ruhe nicht findet, ist die Schöpfung nicht befreit. *Bodhisattvas* wie Yeshua wissen das. Und sie leben danach.

101

Yeshua sagte:
Die nicht Vater und Mutter hassen wie ich, können nicht meine Schüler sein, und die nicht Vater und Mutter lieben wie ich, können nicht meine Schüler sein. Denn meine Mutter brachte mich auf die Welt, um zu sterben, doch meine wahre Mutter gab mir Leben.

Yeshua variiert das Thema aus Logion 55. Wir haben ausführlich darüber gesprochen. Auch in Logion 105 wird er es wieder aufgreifen, radikaler noch als in jedem anderen Spruch. So seien nicht viele Worte gemacht an dieser Stelle – nur ein Satz von Robert Adams (1928–1997), ein Schüler Ramana Maharshis, des Weisen vom Berge Arunachala (1879–1950). Beide Männer hatten schon in Jugendjahren überwältigende Erleuchtungserlebnisse. Sie gehören zu jenen seltenen Fällen, in denen das Höchste sich schon früh im Leben zu erkennen gibt, ohne dass dafür „gearbeitet" oder „gelitten" wurde. Robert und Ramana haben das Absolute schon in ihren früheren Leben gesucht. Dann ernteten sie die Früchte spontan. Das ist Karma. Robert Adams sagte seinen Schülern:

> *„Solange du glaubst ein Körper zu sein, denkst du, du seiest jemand, jemand wichtiges. Oder du denkst, du seiest ein Versager, was auch immer. Wenn du dich nur nach innen wenden und das eine Selbst sehen würdest, dann würdest du dich nie wieder darum sorgen, was mit dir geschieht. Denn dann würdest du erkennen, dass es kein Ich gibt, dem irgendetwas geschehen kann."*[98]

Zu erkennen, dass es kein Ich und keinen Körper gibt, dass wir, mit anderen Worten, nichts von dem sind, was wir denken, dass wir es sind, führt uns zur *wahren Mutter.*

102

Yeshua sagte:
Wehe den Pharisäern, denn sie sind wie der Hund, der in der Krippe bei den Rindern schläft. Weder isst er selbst, noch lässt er die Rinder essen.

Yeshua wiederholt das Thema aus Logion 39. *Bei der Krippe sein* oder *die Schlüssel in Händen halten* – Die Gelehrten wissen um die innere Deutung der Schriften. Doch auf keinen Fall möchten sie, dass die Menschen es begreifen. Welche Rolle noch könnten sie spielen in einer Welt, wo immer mehr sich ihrer inneren Freiheit bewusst würden? So verstecken sie also die Schlüssel und erklären den Menschen die Schriften, so wie sie wollen, dass sie sie verstehen. Sie bewachen das Tor zur Wahrheit, so wie der Hund die Rinder bewacht.

Freilich wissen die Gelehrten nur *intellektuell* um die mystische Botschaft, denn sie gehen nicht in ihren inneren Tempel und sie kosten nicht von der Wirklichkeit. Könnten sie diese Liebe erfahren, gäben sie alles Zensieren und Fälschen auf.

103

Yeshua sagte:
Gesegnet seid ihr, wenn ihr wisst, wo die Räuber eindringen werden, so könnt ihr wach sein, euer Hab und Gut sammeln und euch bewaffnen, bevor sie einbrechen.

Die Räuber sind unsere *Vasanas,* jene nicht hilfreichen mentalen Tendenzen und Gewohnheiten, die uns mehr Roboter sein lassen als lebendige Wesen: Jedes Gefühl, dem wir uns scheinbar hilflos ausliefern; jeder Gedanke, der unkontrolliert sein Unwesen treibt;

Die Bergpredigt

jede Reaktion, die bloß mechanisch abläuft; jedes Sich-Davonstehlen, wenn wir nicht anschauen wollen, was ist; und jedes Festhalten an Ärger, Sorge und Schmerz.

Wach zu sein, bedeutet, achtsam zu sein und das klare Licht der Bewusstheit auf diesen Moment zu richten. Das verlangt, dass wir unser *Hab und Gut sammeln,* uns also in Selbstbeobachtung und Konzentration üben. Die brauchen wir, wenn wir uns jeden Moment vergegenwärtigen möchten. Es gibt ganz einfache Möglichkeiten, das zu üben, zum Beispiel die aufrichtige Frage: „Wer bin ich?" Oder das Blicken in den Raum und die Frage: „Träume ich oder bin ich wach?" Oder die Selbst-Aufforderung: „Sei klar!" Oder die Beobachtung unseres Atems. Manchmal ist es einfach nur das Knacksen eines Astes im Wald, das Fallen eine Münze oder das Lied eines Vogels, das uns *aufhorchen* lässt, in den gegenwärtigen Moment holt und vom Denken befreit.

„Der Mensch wurde nicht dafür geschaffen, um seinen Atem zu vergeuden", sagt Meister Laotse, „er wurde geschaffen, um still zu sitzen und die Wahrheit in seinem Inneren zu finden."[99] Die Meditation ist ein guter Weg, die Räuber aufzuspüren. Sie sind zahlreich, raffiniert und subtil. Die Waffen, die sie besiegen, sind sanft. Wie zart doch ein Schilfblatt ist. Doch seine Klinge ist scharf genug, unser Fleisch zu öffnen! Sagte Yeshua in der Bergpredigt nicht, dass es die Sanftmütigen sein werden, die das Himmelreich erben? (Mat 5,5)

104

Sie sagten zu Yeshua:
Komm, lasse uns heute beten und fasten.

Yeshua sagte:
Welche Sünde habe ich begangen, oder was habe ich unterlassen? Wenn der Bräutigam das Brautgemach verlässt, dann lasst die Leute beten und fasten.

Der Meister ist sich seiner selbst bewusst. In jedem Moment. Er weiß um seine wirklichen Eltern (Logion 101), hat Hab und Gut gesammelt und sich stark bewaffnet (Logion 103). Wozu soll er Riten und Gebete praktizieren, da er die Heiligkeit immerzu in sich spürt? Yeshua, die Braut, wohnt mit *Allaha,* dem Bräutigam, in einem Gemach.

Die Existenz eines Ritus, der uns mit dem Höchsten verbinden soll, beweist, dass wir uns nicht verbunden fühlen. Wer das Brautgemach verlassen hat und den Schmerz der Trennung fühlt, der möge beten und fasten. Doch wer im Licht steht, sucht nicht nach einer Kerze.

105

Yeshua sagte:
Wer Vater und Mutter erkennt, den wird man das Kind einer Hure nennen.

Yeshuas Kyosaku! *Vater und Mutter erkennen,* das meint, unsere wirklichen Eltern von unseren unwirklichen zu unterscheiden. Wirklich ist allein die unsterbliche Ewigkeit, unwirklich aber die relativen, physischen und sterblichen Körper, die uns gezeugt haben, wie natürlich auch der Körper, den wir bewohnen. Die Welt ist eine „Leiche" (Logion 56). Wer das erkennt und laut ausspricht, zumal in drastischen Worten*, dem werden nicht die Herzen der Massen zufliegen. Hohn, Spott und Angriffe wird ernten, wer Perlen vor die Schweine wirft (Logion 93). „Hurenkind" gehörte gewiss zu den schlimmsten Zuschreibungen in jenen Zeiten.

Doch wer ist hier eigentlich das Hurenkind? Wenn wir uns nur mit dem Körper identifizieren und ihn zum Markt des Lebens tragen, unser inneres Licht aber verleugnen, verkaufen wir uns dann nicht selbst? Noch dazu so billig! Es ist doch nicht weniger als unser Leben, das wir da vermarkten. So mag *zwischen den Zeilen* gesagt sein, dass wir selbst die Hurenkinder sind. „Unterscheide!", lautet dann die Botschaft. Im Kern geht es ohnehin um nichts anderes als um das Unterscheiden. Im *Johannes-Evangelium* verbindet Yeshua die Idee der Unterscheidung von Vergänglichkeit und Ewigkeit mit dieser Aufforderung:

> *„Arbeitet nicht für die Nahrung, die verfault, sondern für die Nahrung, die bis ins ewige Leben hält, die der Menschensohn euch geben wird." (Joh 6,27)*

Die innere Arbeit ist wichtiger als die äußere, sagt der Meister, und: Tue die äußere Arbeit so, dass du innerlich dabei wachsen kannst. Tue, was du tust, allein für deine Seele und für Gott – für das, was unsterblich ist. Mache alles zu einem Akt der Hingabe an das Höchste. In der spirituellen Philosophie Indiens heißt das *Karma Yoga*. In der *Bhagavad Gita* spielt dieses Thema eine zentrale Rolle. Doch wer so denkt in Zeiten wie heute, da das Geld zum Selbstzweck geworden ist (Logion 95), und wer Yeshuas Botschaft *wirklich* zu leben versuchte, würde er nicht belächelt oder sogar verspottet werden? Wann nur wurden wir zu Hurenkindern?

* Erinnert sei hier auch an die Sprüche 55, 99 und 101.

106

Yeshua sagte:
Wenn ihr zwei zu einem macht, werdet ihr Menschenkinder werden. Und wenn ihr sagt: „Berg, bewege dich“, so wird sich der Berg bewegen.

Yeshua wiederholt das Thema aus Logion 48. Wir haben über die verschiedenen Dimensionen der Idee des Einsseins schon gesprochen:

- Auf der *Ebene der Welt oder des Herzens* bedeutet es, untereinander Frieden zu machen. Aus Versöhnung erwächst Frieden und aus Gemeinsamkeit Stärke.

- Auf der *Ebene des Geistes* meint das Einssein die mentale Ausrichtung auf die Aufgaben und Ziele, die wir uns setzen.

- Auf der *Ebene unserer Persönlichkeit* meint es die Authentizität und Wahrhaftigkeit, also die Einheit von Denken, Sprechen und Handeln.

- Auf der *Ebene der spirituellen Praxis* steht es für die Bündelung der mentalen Energien. Meditation und Achtsamkeit. Ein konzentrierter Geist kann Wunder wirken, wo der zerstreute nichts erreicht: „Jedes Reich”, sagt Yeshua im *Matthäus-Evangelium,* „das in sich gespalten ist, wird verwüstet, und jede Stadt oder jede Familie, die in sich gespalten ist, hat keinen Bestand.“ (Mt 12,25)

- Auf der *höchsten Ebene* meint Yeshua die Einheit mit ABWUN. Christus-Bewusstsein. Nichts ist unmöglich.

Das größte der hundert Schafe

107

Yeshua sagte:
Das Königreich gleicht einem Hirten, der hundert Schafe hatte. Eines von ihnen, das größte, kam vom Weg ab. Er verließ die neunundneunzig und suchte nach dem einen, bis er es fand. Nachdem er durch so viele Sorgen gegangen war, sagte er zu dem Schaf: „Ich liebe dich mehr als die neunundneunzig."

Nach allem, was gesagt wurde, ist dies Logion nicht schwer zu verstehen. Das Schaf ist die Perle, für die der Kaufmann alles hergibt, was er hat. Und es ist der große Fisch, um dessentwillen die Fischer den ganzen Fang loslassen. Das letzte und größte Schaf ist die wirkliche Mutter und der Zustand des siebten Tages. Es ist das, was nicht von einer Frau geboren ist. Dieses letzte Schaf ist der verlorene Sohn, der heimkehrt. Zwei werden EINES. Atman ist Brahman. Wir sind ABWUN. Und eins mit Yeshua. Er sagt es im nächsten Logion.

108

Yeshua sagte:

Wer von meinem Munde trinkt, wird werden wie ich. Ich selbst werde er werden, und was verborgen ist, wird ihm offenbart werden.

Toma trank von Yeshuas Quelle. Vielleicht war er, der Zweifelnde und Ungläubige, sogar der Einzige unter seinen Schülern, der die Unsterblichkeit kostete. Der Meister selbst hielt ihn ja gar nicht mehr für einen Schüler, sondern für einen Erleuchteten (Logion 13).

Toma wusste um die innere Botschaft. Nichts von Wundern berichtet er, von Geistheilungen oder der Erweckung der Toten. Auch nicht von der Kreuzigung und Wiederauferstehung erzählt er. Nicht einmal von Schuld und Sühne spricht er, sondern allein von der befreienden Neugeburt des Menschen.

109

Yeshua sagte:

Das Königreich ist wie einer, auf dessen Feld ein Schatz vergraben war. Er wusste es nicht, und als er starb, überließ er es seinem Sohn.

Der Sohn wusste nichts davon. Er übernahm das Feld und verkaufte es. Der Käufer pflügte es und entdeckte den Schatz, und er begann, Geld gegen Zinsen auszuleihen an wen er wollte.

Ich will dies Logion mit dem Bild des Bettlers deuten, der auf einer Kiste sitzt, ohne zu wissen, dass sie voller Gold ist. So bleibt er arm und bettelt, obgleich er doch auf einem riesenhaften Vermögen hockt! Wüsste er um das Gold, so könnte er es anlegen oder investieren und wachsen lassen, oder sogar eine Bank eröffnen und seinen Reichtum ins Unermessliche steigern. Doch er weiß nicht darum und stirbt so arm, wie er geboren wurde.

Yeshua spricht freilich nicht von Geld oder Gold oder irgendeinem anderen weltlichen Schatz, sondern von der Perle auf unserem Herz-Geist-Feld. Uns allen wurde sie am Anbeginn der Zeit geschenkt – und vergessen. Manchmal entdeckt sie einer. Sein Licht nicht unter den Scheffel stellend, gibt er seine Erkenntnis weiter und bringt in Umlauf, was er weiß. Seine Währung ist nicht Geld, sondern Wissen. Und Wissen gehört zu den Dingen, die wachsen (oder Zinsen bringen), wenn man sie weitergibt.

In der Welt des Geistes verhält es sich umgekehrt wie in der Welt des Materiellen, wo weniger wird, was man teilt oder weggibt. Liebe, Mitgefühl, Güte, Wissen, Gelassenheit, Geduld, Bescheidenheit und alle anderen hilfreichen Eigenschaften des Menschen werden umso mehr, je mehr wir davon geben, denn das Geben wässert ihre Wurzeln. Und jeder, dem wir begegnen, wird von unserer Gabe profitieren. Am meisten aber wir selber.

Yagna, wie Krishna das Geben nennt, ist ein Grundprinzip des Universums. Ein jedes Ding gibt sich für das andere hin: Die Nacht dem Tag, der Winter dem Frühling, das Leben dem Tod; die Einatmung stirbt für die Ausatmung und das Blatt im Herbst für den Baum, der es trug. Das Geben ist der *Dharma.* Wer sich nicht darauf ausrichtet, sagt Krishna in der *Bhagavad Gita,* verstößt gegen das wichtigste Grundgesetz des Kosmos.

Wissen weiterzugeben, ist wichtiger als alles sonst, was wir geben könnten, denn wem wir Wissen geben, der kann Unabhängigkeit erlangen. Das *höchste Wissen* weiterzugeben, ist die wichtigste Gabe überhaupt. Yeshua gab uns das Wissen vom Licht. Sogar seinen Körper gab er dafür hin. Der Zins ist unermesslich.

110

Yeshua sagte:
Wer die Welt gefunden hat und reich geworden ist, der möge der Welt entsagen.

Sagte der Meister nicht, dass einer, der reich geworden ist, die Welt *regieren* soll? (Logion 81) Und nun soll er ihr entsagen? Was nun? Paradoxa gehören zum Instrumentenkasten des spirituellen Lehrers. Sie wecken uns auf. Der Weg des Zen ist ein einziges Paradoxon. Man lese das *Tao Te King* – Paradoxa über Paradoxa! Da liegt alles quer zur Welt. Vor dem Verstehen kommt die Verwirrung. Der Widerspruch, der sich in uns regt, holt uns aus der geistigen Trägheit und zwingt uns, *selbst* zu denken, statt wiederzukäuen. Innere Arbeit ist ein aktiver Prozess.

Die Paradoxa lösen sich erst auf, wenn wir auf eine höhere Ebene steigen. Das kann schon rein logisch nicht anders sein. Auf der Ebene des Widerspruchs selbst, in der Polarität, da haben wir immer und unauflöslich eine Spannung. Die Lösung kommt erst von einer anderen Warte aus. Es ist schlicht eine Frage der Perspektive.

Wer die Welt entdeckt hat und materiell reich geworden ist, wird feststellen, dass sein Glück noch nicht vollkommen ist, dass immer noch kein innerer Friede gewonnen ist und der Tod unausweichlich kommen wird, um ihm alles wieder zu nehmen. So einer sollte reif sein, der Welt zu entsagen, um sich nach innen zu wenden.

Wenn er aber auch dann noch nicht genug hat und noch immer nicht den Weg gehen will, dann möge er doch bitte regieren! Die Macht liegt auf der Stufenleiter des inneren Wachstums höher als der Besitz: Das dritte Chakra liegt über den unteren zweien. Wer viel Geld hat, sucht also Einfluss. Wie oft Geld und Macht doch Hand in Hand gehen! Der Reiche möge also nicht nur Reichtum, sondern auch Macht akkumulieren. Es ist dies das altbekannte –

und irgendwann doch ziemlich langweilige – Spiel des Lebens, das ewig öde kreisende Rad.

Vielleicht entdeckt der Reiche *und* Mächtige diese Langeweile der inneren Wüste und entsagt dann Macht *und* Welt, wie Yeshua in Logion 81 empfiehlt. Wenn nicht, dann ist er nur ein armer Tropf. Denn spätestens der Tod wird ihm die illusorischen Zügel entreißen. So stirbt er in Betäubung und macht kaum Fortschritte im Leben. Manche brauchen länger, bis sie erkennen, wer sie nicht sind. Das Traurige daran ist der Schmerz, den sie sich selber und anderen dabei zufügen.

111

Yeshua sagte:
Himmel und Erde werden sich aufrollen in eurer Gegenwart, und wer lebt aus dem Lebendigen, wird den Tod nicht sehen.

Sagt Yeshua nicht: „Wer sich selbst gefunden hat, dessen ist die Welt nicht würdig?“

Das Aufrollen der Wirklichkeit ist wie das Aufrollen des Teppichs. Dann sehen wir, was zuvor nicht sichtbar war. Licht kommt in die Dunkelheit. Alles wird offenbar. Wer den Tod nicht sieht, dessen Wahrnehmung hat sich ins Grenzenlose seiner selbst ausgedehnt. Nicht in die Zeit, nicht in den Raum, vielmehr in DAS, woraus Zeit und Raum gemacht sind. Das Aufrollen des Teppichs oder das Zerschneiden des Schleiers – das ist die Auflösung dessen, was der Verstand geschaffen hat … was unwirklich ist …

Im zweiten Satz spricht Yeshua in der dritten Person über sich: „Sagt Yeshua nicht.“ Das erinnert an die Lehrtradition des Sufismus, des mystischen Zweiges des Islam. Ein berühmter Vertreter war Kabir. Er schloss fast jeden Text mit einem Satz, der begann mit: „Kabir sagt." Yeshua, der Yogi … Sufi … Gnostiker … Buddha …

112

Yeshua sagte:
Wehe dem Fleisch, das von der Seele abhängt.
Wehe der Seele, die vom Fleisch abhängt.

Wir müssen nicht mehr viel sagen zu diesem Spruch, der fast identisch ist mit Logion 87. Wir sehen daran, wie wichtig Yeshua die zentralen Themen sind, wenn er sie immer wieder variiert und thematisiert. Etwas nur einmal zu hören und zur Kenntnis zur nehmen, hilft rein gar nichts. Es muss tief einsinken und angenommen werden. So werden Botschaften Mantras und Worte Meditation.

Wir dürfen annehmen, dass Yeshua die Weisheitsschriften der Griechen gut kannte, die zu seiner Zeit schon fast 500 Jahre alt waren. Platon (427–347 v. Chr.) schrieb die Worte auf, die Sokrates ihn lehrte. Über Körper und Seele wusste er dies zu sagen:

> *„Die individuellen Seelen sind ewig. Sie haben existiert, bevor sie in die Körper kamen, die wie Gefängnisse sind. Nur die Selbst-Erkenntnis kann die Seele befreien. Dieses Wissen ist nichts Neues. Es ist ein Widerhall, eine Erinnerung an das, was vergessen wurde."*[100]

113

Seine Schüler fragten ihn:
Wann wird das Königreich kommen?

Yeshua sagte:
Es wird nicht kommen, indem ihr Ausschau nach ihm haltet. Keiner wird verkünden „Siehe, hier ist es“ oder „Siehe, dort ist es“. Das Königreich des Vaters ist über die Erde ausgebreitet, und die Menschen sehen es nicht.

Dieses Logion bedarf keines Kommentares. Nur ein paar wunderbare Zeilen von Robert Adams will ich anführen. Er benutzt andere Worte als Yeshua. Und doch hätte der Meister auch so antworten können:

> *„Es ist wie mit dem Menschen im Ozean, der sich auf die Suche nach Wasser macht. Wache auf, sei frei, sei du selbst. Wenn du dich selbst liebst, liebst du Gott. ... Du bist totale Freiheit, genau in diesem Augenblick, genau in dieser Minute.“*[101]

Ich will ergänzen: *Und nirgendwo sonst.*

114

Shimon Kefa* sagte zu ihnen:
Miryam sollte uns verlassen. Frauen sind des Lebens nicht würdig.**

Yeshua sagte:
Siehe, ich werde sie anleiten, um sie männlich zu machen, so dass auch sie lebendiger Geist werden kann, der euch Männern gleicht. Denn jede Frau, die sich zum Mann macht, wird eingehen in das Königreich.

Ich empfinde Mitgefühl mit Yeshua. So viel hat er gegeben. Wer gab sich je mehr hin als dieser Avatar, der Sohn eines armen Zimmermanns? Von der Wirklichkeit sprach er. Immer und immer wieder lehrte er die Menschen, dass wir nicht nur mehr sind als unser Körper, sondern tatsächlich etwas *ganz anderes.*

Shimon Kefa, der Fels, auf den man später die Kirche baute, will am Ende dieses großen Textes der *Gnosis,* dass Miryam – die Frau – den Raum verlässt. Kein Wunder, dass die Kirche später das Weibliche so unterdrückte. Bis zum Schluss wollen die Jünger *glauben.* Sie haben nicht begriffen, dass es Yeshua doch um nichts weniger geht als um das ganze Sein und um die vollkommene Erkenntnis. In der Apostelgeschichte sagt Shimon Kefa, dass er glaube, durch die Gnade Yeshuas, den er seinen Herrn nennt, erlöst zu werden (Apg 15,11). Die Jünger sahen immer nur Yeshuas Körper. Den Mann. Den Redner. Den Befreier. Den Erlöser. Den Retter. Sie hörten seine Worte, aber nicht, was er sagte. Und so geht es uns bis heute. Immer noch warten wir …

Das Männliche und das Weibliche (auch in Logion 22 ging es darum): In der Mystik meinten sie nie das Geschlecht, sondern die

* Simon Petrus
** Maria

Sonne und den Mond in jedem von uns, die Bewegung und die Ruhe, die bezeugen, dass wir Kinder des lebendigen Vaters sind (Logion 50). Shakti, die es zu Shiva zieht; die Braut, die zum Bräutigam will; Kundalini, die Schlange, die erwacht und „nach oben" will ins Brautgemach.

Das Weibliche männlich machen: Es geschieht in jenem erlösenden Augenblick, da Mensch (oder Frau oder Energie) und Gott (oder Mann oder Bewusstsein) eins werden – jene Ekstase in der *unio mystica,* die keine materielle Parallele kennt, nicht einmal den Moment des sexuellen Höhepunktes, des größten Entrücktseins also, das wir *in* der Welt kennen.

„Lieber Shimon Kefa", so hätte Yeshua auch sagen können, „werde zu Marya! Werde Frau! Sei das Kühle, das sich in die Hitze ergießt und in die Stille des Nichts auflöst! Betrinke dich mit dem Nektar, der aus meinem Munde quillt!" (Logion 108) Der Schüler hätte es niemals verstanden. Wie mag Yeshua wohl geblickt haben?

Yeshuas Auftrag war fast eine *mission impossible.* Denn der Verstand kann es nicht fassen. Ich will dies Buch deshalb genau so schließen, wie es begann, mit einem Wort von Anonymus. Und ich mag damit meinen Wunsch in die Welt schicken, dass wir alle – jeder und jede von uns! – die Perle finden. Anonymus also sagte:

Von der Liebe lässt es sich fassen und halten.
Vom Intellekt jedoch nicht.

EIN PERSÖNLICHES NACHWORT

Er hob oft die Hand. Nicht um zu segnen, sondern um zu drohen. Und an unseren Ohren zog er gern. Manchmal lief er rot an dabei – eine Bombe kurz vor der Detonation. Ich meine jenen katholischen Pfarrer, bei dem ich Religionsunterricht erhielt, als ich die Grundschule besuchte. Mit Unterricht hatte das nicht viel zu tun. Wir Kinder waren Objekte, leeren Bechern gleich, in die man den sauren Wein kirchlicher Dogmatik füllte.

Ab und an mussten wir beichten. Ich fragte meine Mutter, was ich Schlimmes getan haben könnte, um etwas Text für dieses Ritual zu haben, bei dem mein kindliches Gemüt in der dunklen Kammer des Beichtstuhls seine selbst erdachten Verfehlungen jenem Kirchenmann berichtete, zu dem ich in innerer Not wohl zuallerletzt hätte gehen wollen. Sogar im Beichtstuhl wurden wir zur Lüge genötigt.

Dieser Mann war ja selber in seelischer Not: Ärger, Wut und Frustration waren der Stoff seiner selbstgemachten Hölle auf Erden, all das giftige Kraut, das auf dem Boden der Angst wächst. Dieser Priester war Gott unendlich viel ferner als das Kind, das ich einmal war.

„Wer war nicht in der Kirche?“, fragte er jeden Wochenanfang und ließ dabei seinen bohrenden Blick durchs Klassenzimmer kreisen. Die „Sünder“ unter uns brüllte er an und ließ sie in der Ecke stehen. Einige Jahre später, so erzählte man mir, ergriffen ihn ein paar ältere Schüler in einem Akt der Revolution an Händen und Füßen und ließen ihn aus dem Fenster des Klassenzimmers baumeln. (Ich will so ehrlich sein: Damals kam mir durchaus die Frage in den Sinn, warum sie ihn nicht fallen ließen. Er wäre ohnehin nur aus dem ersten Stock gefallen.)

Der Pfarrer – ein kirchlich „Strafversetzter“, wie ich später erfuhr – unterrichtete in jenem kirchlichen Verwaltungsbezirk, dem

Joseph Ratzinger, der spätere Papst Bendikt XVI., damals als Bischof vorstand. Von Ratzinger erhielt ich, wie auch meine Mutter noch, die Firmung. *Firmung* kommt vom lateinischen Wort *firmus*. Das bedeutet *stark*. Als stärkend empfand ich den schalen Ritus nicht. Das Gute war immerhin, dass mein Großvater mir zu diesem Anlass mein erstes großes Fahrrad schenkte. Aus der Kirche ausgetreten bin ich erst viele Jahre später. Es war ein Akt innerer Befreiung.

Die Lehre der Kirche erlebte ich niemals als frohe Botschaft. Liebe und Güte? Nur Furcht und Schuld und Ödnis sah ich. Und immer wieder den zornigen Pfarrer, der in der Sonntagspredigt den 10-Mark-Schein in die Höhe hob wie eine Monstranz, eine ganze Minute lang, jedermann zur Mahnung: Rascheln sollte es im Klingelbeutel, nicht klimpern.

Ich wandte mich ab von allem, was auch nur entfernt nach Kirche roch, nach Priestern, Gott und auch von Jesus. Dabei kann er gar nichts für die seelischen Abgründe vieler Kirchenmänner und -frauen. Er stand ja selbst auf Kriegsfuß mit der institutionalisierten Religion, mit den „Pharisäern und Gelehrten", wie er sie nannte, die Mauern zwischen den Menschen und Gott auftürmten und deren Macht sie gegen jeden richteten, der im eigenen Inneren nach Wahrheit suchte. Yeshua fiel im Kampf gegen diese Mauern und lebt dennoch ewig.

Die Bewegung, die seine Anhänger dann ins Leben riefen, sollte nach seinem Tod neue Mauern errichten. Die Priester wechselten nur ihr Gewand. Auch heute noch versperren sie uns den freien Blick auf *Malkutha*. Damals ahnte ich noch nicht, dass ich mich viel später im Leben wieder mit Yeshua anfreunden würde. Das war mir nur möglich über den spirituellen Umweg ins Morgenland.

Innere Not und Forschergeist waren der Treibstoff, der mich zur Weisheit des Ostens führte, zu den Schriften des Yoga, zur Lehre Buddhas und zur Weisheit Laotses. Ich begann zu meditieren und machte innere Erfahrungen. Ich verstand sehr bald, dass die Weisen alle vom Gleichen sprechen, so unterschiedlich ihre Sprache und Bilder auch sein mögen. Sie sprechen vom Ganzen und meinem Platz darin. Vom inneren Licht, das ich bin, und davon, dass wir das in uns erfahren können. Ihre Botschaft ist wirklich eine frohe, eine, die den Namen *Evangelium* verdient.

Heute sehe ich mit neuen Augen auf Yeshua. Es ist ein neuer, frischer und fröhlicher Blick. Er war wie Patanjali oder Laotse, wie Zhuangzi, Kabir oder Buddha: Ein erleuchteter Weiser, der uns motivieren wollte, den Weg zum Licht zu gehen. Nicht auf ein Podest sollen wir ihn stellen, sondern *werden wie er.* So macht die *Nachfolge Christi* Sinn für mich.

Penzberg, im April 2014

ANHANG

DIE SPRÜCHE IM ÜBERBLICK

Hier ist ein Überblick über die 114 Sprüche des Thomas-Evangeliums, damit sie sich bei Bedarf leichter wieder auffinden lassen. Es ist zumeist der Anfang des jeweiligen Logions angegeben, manchmal auch eine andere Passage, wenn sie deutlicher auf den eigentlichen Inhalt verweist, als es der Anfangssatz tut.

10 Ich habe Feuer geworfen auf die Welt

11 Dieser Himmel wird vergehen

12 Wir wissen, dass du uns verlassen wirst

13 Vergleicht mich mit jemandem

14 Wenn ihr fastet, werdet ihr Sünde über euch bringen

15 Wenn ihr einen seht, der nicht von einer Frau geboren wurde

16 Die Leute mögen denken, dass ich gekommen bin, um Frieden über die Welt zu bringen

17 Ich werde euch geben, was kein Auge gesehen hat

18 Habt ihr den Anfang erkannt, dass ihr jetzt das Ende sucht?

19 Gesegnet seid ihr, die ihr wart, bevor ihr wurdet … es gibt fünf Bäume im Paradies

20 Sage uns, wie das Königreich des Himmels ist … Es ist wie ein Senfkorn

21 Wem gleichen deine Schüler? … Sie sind wie Kinder, die auf einem Feld leben

22 Diese Kinder, die gestillt werden

23 Ich werde euch auswählen, einen unter tausend

24 Es ist Licht in einem Menschen des Lichtes

25 Liebt euren Bruder wie eure Seele

26 Ihr seht den Splitter im Auge eures Bruders

27 Wenn ihr nicht fastet im Blick auf die Welt

28 Ich fand sie alle betrunken

29 Wenn das Fleisch wurde wegen des Geistes,
dann ist das ein Wunder

30 Wo drei Götter sind

31 Ein Prophet wird nicht in seiner Heimatstadt akzeptiert

32 Eine Stadt, die auf einem hohen Hügel gebaut

33 Was ihr mit eurem Ohr hört, tut kund von euren Dächern

34 Wenn ein Blinder einen Blinden führt

35 Du kannst nicht das Haus des Starken betreten

36 Sorgt euch nicht von morgens bis abends

37 Wenn ihr euch auszieht, ohne euch zu schämen

38 Oft habt ihr gewünscht, die Worte zu hören

39 Die Pharisäer und die Gelehrten

40 Ein Weinstock wurde fern vom Vater eingepflanzt

41 Wer etwas in der Hand hat

42 Seid Vorübergehende

43 An meinen Worten erkennt ihr mich nicht

44 Wer gegen den Vater lästert, dem wird vergeben werden

45 Trauben werden nicht von Dornbüschen geerntet

46 Von Adam bis zu Yohanan … wer von euch Kind wird

47 Ein Mensch kann nicht auf zwei Pferde steigen

48 Wenn zwei in einem Haus untereinander Frieden schließen

49 Gesegnet sind die, die eins sind

50 Wenn sie euch fragen: „Wo seid ihr hergekommen?“

51 Wonach ihr sucht, ist schon gekommen

52 Vierundzwanzig Propheten … Ihr habt den Lebendigen unter euch ignoriert

53 Ist die Beschneidung sinnvoll oder nicht?

54 Gesegnet sind die Armen

55 Die nicht Vater und Mutter hassen

56 Wer die Welt erkannt hat, hat eine Leiche entdeckt

57 Das Königreich des Vaters ist wie jemand, der gute Saat hatte

58 Gesegnet ist, wer gelitten hat

59 Sucht den Lebendigen, solange ihr lebt

60 Sucht euch einen Ort, um zu ruhen

61 Zwei werden auf einem Bett liegen

62 Ich offenbare meine Geheimnisse jenen, die ihrer würdig sind

63 Es gab einen Reichen, der sehr viel Geld hatte

64 Jemand wollte Gäste empfangen

65 Ein rechtschaffener Mann besaß einen Weinberg

66 Zeige mir den Stein, den die Bauarbeiter abgewiesen haben

67 Jemand, der alles weiß

68 Gesegnet seid ihr, wenn ihr gehasst und verfolgt werdet

69 Gesegnet seid ihr, die ihr in euren Herzen verfolgt worden seid

70 Wenn ihr hervorbringt, was in euch ist

71 Ich werde dies Haus zerstören

72 Mann, wer hat mich zum Teiler gemacht?

73 Die Ernte ist groß, doch nur wenige Arbeiter

74 Meister, viele stehen um die Tränke

75 Viele stehen vor der Tür

76 Das Königreich des Vaters gleicht einem Kaufmann

77 Ich bin das Licht über allen Dingen

78 Warum seid ihr aufs Land hinaus gekommen?

79 Es werden Tage kommen, da du sagen wirst

80 Wer die Welt erkannt hat, hat den Körper entdeckt

81 Lasst einen, der reich geworden ist, regieren

82 Wer mir nahe ist, der ist dem Feuer nahe

83 Ihr seht Bilder, doch das Licht darin ist verborgen

84 Wenn ihr euer Abbild seht

85 Adam entsprang einer großen Macht

86 Füchse haben ihre Behausungen

87 Elend ist der Körper

88 Botschafter und Propheten werden zu euch kommen

89 Warum wascht ihr das Äußere des Bechers?

90 Kommt zu mir, denn mein Joch ist leicht

91 Ihr schaut das Gesicht von Erde und Himmel an, aber ihr erkennt nicht den, der euch gegenwärtig ist

92 Sucht und ihr werdet finden. In der Vergangenheit habe ich euch nicht die Dinge gesagt

93 Gebt den Hunden keine heiligen Dinge

94 Wer sucht, der wird finden

95 Wenn ihr Geld habt, verleiht es nicht gegen Zinsen

96 Das Königreich des Vaters gleicht einer Frau, die etwas Hefe nahm

97 Das Königreich des Vaters gleicht einer Frau, die einen Krug voll Mehl trug

98 Das Königreich des Vaters gleicht einem, der einen Mächtigen töten wollte

99 Jene, die den Willen meines Vaters tun, sind meine Brüder und meine Mutter

100 Gebt dem Caesar, was des Caesars ist

101 Die nicht Vater und Mutter hassen wie ich

102 Wehe den Pharisäern, denn sie sind wie der Hund

103 Gesegnet seid ihr, wenn ihr wisst, wo die Räuber eindringen werden

104 Wenn der Bräutigam das Brautgemach verlässt, dann lasst die Leute beten und fasten

105 Wer Vater und Mutter erkennt, den wird man das Kind einer Hure nennen

106 Wenn ihr zwei zu einem macht, werdet ihr Menschenkinder werden

107 Das Königreich gleicht einem Hirten, der hundert Schafe hatte

108 Wer von meinem Munde trinkt, wird werden wie ich

109 Das Königreich ist wie einer, auf dessen Feld ein Schatz vergraben war

110 Wer die Welt gefunden hat und reich geworden ist

111 Himmel und Erde werden sich aufrollen in eurer Gegenwart

112 Wehe dem Fleisch, das von der Seele abhängt

113 Das Königreich des Vaters ist über die Erde ausgebreitet, und die Menschen sehen es nicht

114 Siehe, ich werde sie anleiten, um sie männlich zu machen

GLOSSAR

Sanskrit	
Abhinivesha	das Hängen am physischen Leben bzw. die Angst vor dem Tod
Adharma	Denken, Handeln oder Sprechen, das im Gegesatz zum *Dharma*, der Wahrheit der kosmischen Ordnung, liegt.
Ahamkara	wörtl. „Ich-Macher“; Ego
Amrita	Nektar der Unsterblichkeit
AUM	Urklang, Urenergie
Avatar	ein vollkommenes Wesen, das sich inkarniert, um den Menschen den Dharma, d.h. die spirituelle Wirklichkeit, zu lehren.
Avidya	spirituelle Blindheit; das Nichtwissen um unsere wahre Natur
Ayurveda	traditionelles indisches Medizinsystem
Bhagavad Gita	wörtl.: Lied oder Gesang Gottes; Teil des großen Mahabharata-Epos; dramaturgisch angelegt als ein Gespräch zwischen dem Krieger Arjuna und seinem Lehrer Krishna auf dem Schlachtfeld von Kurukshetra; eines der zentralen Werke indischer Spiritualität; enthält die Essenz der *Upanishaden* und des *Yoga*.
Bodhisattva	Begriff aus dem Buddhismus; bezeichnet einen Erleuchteten, der sich immer wieder inkarniert, um die Wesen von ihrem Leid zu befreien
Brahman	wörtl. das Größte od. Höchste; Gott, absolute Wirklichkeit
Buddha	der Erwachte; Bezeichnung für einen erleuchteten Menschen

Buddhi	höchste Instanz des menschlichen Geistes, Sitz von Weisheit und Intuition
Chakra	wörtl. Rad; Energiezentrum des Körpers
Chitta	Bewusstsein
Chitta-Vritti-Nirodha	Definition von Yoga im Sinne eines Bewusstseinszustandes, wie ihn das *Yogasutra* versteht, nämlich als das Zur-Ruhe-Kommen aller mentalen Muster und das Zurückgeworfensein reinen Bewusstseins auf sich selbst.
Dharma	kosmisches Gesetz oder Ordnung; Wirklichkeit, Wahrheit, Güte
Dharma-kshetra	wörtl. das „Dharmafeld"; Bezeichnung für den menschlichen Geist, auf welchem die „spirituelle Schlacht" zwischen den Kräften des *Dharma* und *Adharma* ausgetragen wird.
Dukha	wörtl. „negativer Raum"; Schmerz im weitesten Sinne, d.h. von der kleinsten Unzufriedenheit bis zum größten vorstellbaren Leid.
Dvesha	Ablehung, Nicht-Habenwollen
Jiva	Seele, im Sinne der Yogaphilosophie: Die Verbindung unserer mentalen Instanzen mit Lebensenergie oder Prana.
Jivanmukti	befreite Seele, die noch in einem Körper wohnt
Jnana	Erkenntnis, Wissen, Weisheit
Khanda–Avatar	ein Mensch, durch den sich das Höchste mitteilt.
Kaivalya	wörtl. Alleinsein; Befreiung im spirituellen Sinne
Kama	Begierde
Karma	Tun und dessen Folgen; der Zusammenhang von Ursache und Wirkung als universelle Gesetzmäßigkeit
Manas	mentale Instanz, die für Wahrnehmung, Instinkte, einfaches Denken, Gefühle und das Ingangsetzen von Handlungen zuständig ist; im Deutschen gibt es kein Wort dafür; im Englischen kommt dem der Begriff *mind* nahe.
Moksha	spirituelle Befreiung; das Ende der spirituellen Blindheit

Nirvana	wörtl. „Verlöschen"; Synonym für *Chitta-Vritti-Nirodha,* die Definition des Yoga
Niyamas	vernünftige Regeln für den Umgang mit uns selbst, wie das *Yogasutra* sie formuliert; zusammen mit den Yamas die „zehn Gebote" des Yoga
Prajna	Zustand des Tiefschlafs; Weisheit
Prana	Lebensenergie
Purna-Avatar	vervollkommnetes Wesen, das als Mensch inkarniert, um eine Mission im Auftrag Gottes zu erfüllen.
Purusha	wörtl. „das, was in uns wohnt"; inneres Licht; Atman, spirituelle Essenz
Raga	Begehren, Habenwollen
Sahasrara	Kronen-Chakra; höchstes Energiezentrum des Menschen
Samadhi	meditativer Gipfelzustand
Samapatti	meditativer Gipfelzustand
Samsara	das Rad von Geburt, Leben, Tod und Wiedergeburt
Sanatana Dharma	Ewige Wahrheit
Sankalpa	Beschluss
Sankhya	philosophisches System, auf dem der Yoga gründet
Sat-Chit-Ananda	Sein–Bewusstsein–Glückseligkeit, die Attribute der Erleuchtung
Shakti	Energie, Kraft
Shiva	reines Bewusstsein
Shruti	wörtl. „gehört"; offenbarte spirituelle Wahrheiten
Siddhi	paranormale Fähigkeit
Sukha	angenehm
Svadhyaya	Selbsterforschung
Tamas	Dunkelheit, Schwere; synonym für Avidya, die spirituelle Blindheit
Tapas	wörtl. Hitze; Bemühung, Anstrengung; auch: Schmerz

Tat–Tvam–Asi	„Du bist Das“; bezeichnet die letztliche Einheit von *Atman* und *Brahman* od. *Shiva* und *Shakti* od. Bewusstsein und Energie.
Turiya	„der Vierte“; meint den transzendenten Bewusstseinszustand jenseits von Wachbewusstsein, Traum und traumlosem Tiefschlaf.
Upanishaden	offenbarte Schriften, auf denen fast alle spirituellen Wege Indiens gründen.
Vairagya	Loslassen, Vergeben
Vasanas	Tendenzen, Gewohnheiten und „Programmierungen“ unseres Geistes
Viveka	unterscheidendes Gewahrsein im Hinblick auf die relative und die absolute Wirklichkeit
Vritti	wörtl. Welle, Bewegung, Regung; bezeichnet alle mentalen Vorgänge; deren zur Ruhe kommen bedeutet den Zustand von *Yoga.*
Yamas	vernünftige Regeln betreffend den Umgang mit unserem persönlichen Lebensumfeld, wie das *Yogasutra* sie formuiert; zusammen mit den *Niyamas* bilden die Yamas den ethischen Code des Yoga.
Yatha–pinde–tatha–brahmande	entspricht in etwa der hermetischen Idee: „Wie oben, so unten“; im Mikrokosmos spiegelt sich der Makrokosmos.
Yoga	wörtl. Verbindung; Zustand des Einsseins mit der spirituellen Essenz, die das Yogasutra als *Chitta-Vritti-Nirodha* definiert.
Yogasutra	wichtigste Schrift des Yoga, verfasst von Patanjali, ca. 200 vor bis 200 n. Chr.

Aramäisch und Hebräisch	
Abwun	Vater-Mutter-Kosmos; absolute Wirklichkeit; entspricht dem indischen Konzept *Brahman.*
Adam	Mensch
Alaha	Gott
Bisha	unreif, ungeeignet, schlecht, „böse“
El	das Höchste, Gott; maskuline Form

Elat	das Höchste, Gott; feminine Form
Elohim	Gott als Pluralbegriff; El plus Elat, also die männliche und weibliche Seite des Seins, bilden Elohim.
Gehenna	Hölle
Hataha	Irrtum, spirituelle Blindheit; entspricht dem Griechischen *Hamartia* und im Sanskrit *Avidya* oder *Tamas;* gemeinhin verzerrend als „Sünde“ übersetzt.
Haye	Leben
Malkutha	Königreich, Himmelreich; vergleichbar mit dem Zustand des Yoga; Erleuchtung
Midrasch	Arbeit mit spirituellen Texten
Nuhra	Licht
Rehem	Liebe im reinen Sinne, Mitgefühl und vollkommene Güte
Ruha	Atem, Luft, Geist, Lebensgeist; vergleichbar dem Sanskrit-Begriff *Prana,* dem griechischen *Pneuma* od. dem chinesischen *Chi*
Ruha d'Qudsha	Heiliger Geist
Sabbath	ein Tag, der allein dem Höchsten oder Gott gewidmet ist.
Sebaq	vergeben, loslassen, befreien; etwas in den natürlichen oder ursprünglichen Zustand zurückführen.
Tab	Reue
Tub	reif, geeignet, „gut“
YHWE	hebräische Bezeichnung für das Höchste oder Gott

Griechisch	
Diabolos	wörtl. in etwa: „der sich dazwischen wirft“ (zwischen den Menschen und die Erkenntnis des Höchsten); etymolog. Wurzel für das engl. Wort *devil* und das deutsche *Teufel.*
Gnosis	Erkenntnis; entspricht dem Sanskrit-Begriff *Jnana.*
Gnothi seauton	„Erkenne dich selbst“; Motto des Orakels von Delphi

Hamartia	Irrtum, spirituelle Blindheit; entspricht im Sanskrit *Avidya* oder *Tamas;* gemeinhin verzerrend als „Sünde" übersetzt.
Hermeneia	Verstehen, Auslegung
Metanoia	neu, anders denken; Umkehr, Wendung nach innen; verzerrend meist mit „Sühne" übersetzt
Pneuma	Atem, Geist; entspricht dem lat. *Spiritus,* dem hebräischen *Ruha* und dem Sanskrit-Wort *Prana*
Sophia	Weisheit; der Funke Gottes im Menschen; Ziel der *Gnosis*

Latein	
Ambrosia	Nektar der Unsterblichkeit; entspricht dem Sanskrit-Begriff *Amrita.*
cognoscere	erkennen; abgleitet vom Sanksritbegriff *Jnana*
Divide et impera	Teile und herrsche
Philosophia perennis	Ewige Philosophie; das Gemeinsame aller spirituellen Wege
Radix	Wurzel
Ratio	Verstand
Regula aurea	Goldene Regel
Spiritus	Geist; entspricht dem griechischen *Pneuma,* dem aramäischen *Ruha* dem Sanskrit-Begriff *Prana* oder dem chin. *Chi*
Unio mystica	wörtl. „geheime Verbindung"; Zustand der Selbsterkenntnis oder Gotterfahrung; vgl. *Samadhi* oder *Samapatti*

Japanisch und Chinesisch	
Chi	Lebensenergie; entspricht dem lat. *Spiritus,* dem hebräischen *Ruha* und dem Sanskrit-Wort *Prana*
Koan	mit dem Intellekt nicht lösbares „Rätsel" für die Meditation, um den Verstand ins Leere laufen zu lassen

Kyosaku	Schlagstock im Zen, um die Achtsamkeit während der Meditation aufrechtzuerhalten
Satori	meditative Gipfelerfahrung, Erleuchtung; vergleichbar dem *Samadhi* im Yoga
Tao	das Absolute, höchste Wirklichkeit
Tao Te King	wichtigste Schrift des Taoismus, verfasst von Laotse, ca. 500 v. Chr.
Yin/Yang	männliches und weibliches Prinzip der Schöpfung; Polarität, die dem Absoluten innewohnt; Potenzial, aus dem die Schöpfung ausfließt
Zendo	Meditationshalle

KONTAKT ZUM AUTOR:

Dr. Ralph Skuban
Gustavstr. 6
82377 Penzberg

Mail: ralphskuban@t-online.de
Web: www.skuban.de

LITERATUR

Adams, Robert: Stille des Herzens. Dialoge mit Robert Adams, Band 2, Bielefeld 2009

Alter, Robert: Genesis. Translation and Commentary, New York 1996

Angelus Silesius: Cherubinischer Wandersmann. Kritische Ausgabe, Stuttgart 2006

Anonymus: Das Buch über die mystische Kontemplation, genannt *Die Wolke des Nichtwissens,* Worin die Seele sich mit Gott vereint, übertragen von: Wolfgang Riehle, Freiburg im Brsg. 2007

Barnstone, Willis and Meyer, Marvin (Hg.): The Gnostic Bible. Revised Edition, Boston & London 2009

Blofeld, John: The Zen Teaching of Huang Po, New York 1958

Ceming, Katharina & Werlitz, Jürgen: Die verbotenen Evangelien. Apokryphe Schriften, Wiesbaden 2007

CollinsBible (Hg.): The Holy Bible, Authorized King James Version

Crossway – A Publishing Ministry of Good News Publishers (Hg.): ESV-Bible, The English-Greek Reverse Interlinear New Testament, published in association with The German Bible Society and Logos Bible Software, Wheaton 2006.

Deshimaru-Roshi, Taisen (Hg.): Shodoka. Satori – Hier und Jetzt, Heidelberg 2006

Douglas-Klotz, Neil: The Hidden Gospel. Decoding the Spiritual Message of the Aramaic Jesus, Wheaton 1999

Douglas-Klotz, Neil: The Genesis Meditations. A Shared Practice of Peace for Christians, Jews, and Muslims, Wheaton 2003

Douglas-Klotz, Neil Blessings of the Cosmos. Wisdom of the Heart from the Aramaic Words of Jesus, Boulder 2006

Dürr, Hans-Peter (Hg.): Physik und Transzendenz. Die großen Physiker unserer Zeit über ihre Begegnung mit dem Wunderbaren, Driedinger-Verlag 2012

Fersen, Eugene: Aphorisms of the Lightbearer, Sumas 2013

Foundation for „A Course in Miracles“ (Hg.): Ein Kurs in Wundern, Gutach i. Br. 2004

Frost, S. E.: The Basic Teachings of the Great Philosophers, New York 1942

Hedrick, Charles W. und Mirecki, Paul: The Gospel of the Savior: A New Ancient Gospel (California Classical Library), Polebridge Press 1999

Hekiganroku. Übertragung von: Yamada Koun Roshi: Die Niederschrift vom blauen Fels, Hekiganroku, Band 1, ins Deutsche übertragen und herausgegeben von Peter Lengsfeld, München 2002

Helminski, Kabir (Hg.): The Rumi Collection. An Anthology of Translations of Mevlana Jalaluddin Rumi, Boston 2000

Heraklit: Fragmente. Griechisch und Deutsch, herausgegeben von Bruno Snell, Zürich und München 2007

Integral Yoga Publications (Hg.): Satchidananda Sutras. Jewels from the Teachings of Sri Swami Satchidananda, Yogaville 2002

Jung, Carl Gustav: Das Rote Buch. Liber Novus, Patmos-Verlag 2009

Kanchi Sosan: Shinjinmei. Verse über den Glaubensgeist, Übersetzung und Kommentare von Taisen Deshimaru-Roshi, Heidelberg 2006

Katha Upanishad, Übertragung ins Englische von Swami Nikhilananda: The Upanishads, Vol. I, New York 2003

Krishnamurti, Jiddu: Tausend Jahre an einem Tag. Briefe an einen Freund, Freiburg 2004

Magiera, Janet M. (Hg.): Aramaic Peshitta New Testament Translation. Messianic Version, Light of Word Ministry, LWM Publications 2009

Mair, Victor H. (Hg.): Zhuangzi. Das Buch der Spontaneität. Über den Nutzen der Nutzlosigkeit und die Kultur der Langsamkeit. Das klassische Buch daoistischer Weisheit, herausgegeben von Victor H. Mair, Aitrang 2008

Meister Eckhart: Mystische Schriften. Aus dem Mittelhochdeutschen übertragen und mit einem Nachwort versehen von Gustav Landauer, Frankfurt a. Main 1991

Meyer, Marvin (Hg.): The Nag Hammadi Scriptures. The International Edition, New York 2007

Ouspensky, P. D.: Der Vierte Weg, Saunsdorf 2013

Pagels, Elaine: Das Geheimnis des fünften Evangeliums. Warum die Bibel nur die halbe Wahrheit sagt, München 2011

Ramakrishna: The Gospel of Sri Ramakrishna, Translated into English with an Introduction by Swami Nikhilananda, New York 2007

Rumi, ins Englische übertragen von Andrew Harvey, in: Kabir Helminski (Hg.): The Rumi Collection. An Anthology of Translations of Mevlana Jalaluddin Rumi, Boston 2000

Satchidananda, Swami: Satchidananda Sutras. Jewels from the Teachings of Sri Swami Satchidananda, Buckingham 2002

Skuban, Ralph: Patanjalis Yogaṣutra. Der Königsweg zu einem weisen Leben, München 2011

Skuban, Ralph: „In diesem Gefäß erklingt das Ewige." Kabirs Yoga des Glücks. Poetische Texte des großen indischen Mystikers, Petersberg 2013

Skuban, Ralph: Die Bhagavad Gita. Das Weisheitsbuch fürs 21. Jahrhundert, München 2013

Skuban, Ralph: Die Psychologie des Yoga, München 2014
Schindler, Alfred (Hg.): Apokryphen zum alten und neuen Testament, Zürich 1988
Siddhinathananda, Swami: Meditation According to the Bhagavata, in: Sri Ramakrishna Math (Hg.): Paths of Meditation, Chennai, ohne Jahresangabe
Sri Ramakrishna Math (Hg.): Paths of Meditation, Chennai, ohne Jahresangabe
Schrödinger, Erwin: Das arithmetische Paradoxon – Die Einheit des Bewusstseins, in: Hans-Peter Dürr (Hg.): Physik und Transzendenz. Die großen Physiker unserer Zeit über ihre Begegnung mit dem Wunderbaren, Driedinger-Verlag 2012
Shodoka, Übersetzung von Taisen Deshimaru-Roshi: Shodoka. Satori – Hier und Jetzt, Heidelberg 2006
Subramanian, Dheena: Jesus, the Yogi. A Commentary on the Gospel of Thomas, Ontario 2009
Szekely, Edmond Bordeaux (Hg.): The Essene Gospel of Peace, Book Four: The Teachings of the Elect, Nelson 1981
Tao Te King, Übertragung ins Englische von Jonathan Star: Tao Te Ching. The New Translation from Tao Te Ching: The Definitive Edition, New York 2008
Vieira, Waldo: Projections of the Consciousness. A Diary of Out-of-Body-Experiences, New York 2007
Vivekananda, Swami: The Complete Works of Swami Vivekananda, Vol I., 30. Nachdruck, Kalkutta 2012
Yamada Koun Roshi: Die Niederschrift vom blauen Fels, Hekiganroku, Band 1, ins Deutsche übertragen und herausgegeben von Peter Lengsfeld, München 2002
Yoga Vasistha, Übertragung ins Englische von: Swami Venkatesananda: Vasistha's Yoga, New York 1993
Zhuangzi: Über die Gleichheit der Dinge. Übertragung von Victor H. Mair: Zhuangzi. Das Buch der Spontaneität. Über den Nutzen der Nutzlosigkeit und die Kultur der Langsamkeit. Das klassische Buch daoistischer Weisheit, herausgegeben von Victor H. Mair, Aitrang 2008

ANMERKUNGEN

1 Anonymus: Das Buch über die mystische Kontemplation, genannt *Die Wolke des Nichtwissens,* Worin die Seele sich mit Gott vereint, Kapitel 6, übertragen von: Wolfgang Riehle, Freiburg im Brsg. 2007, S. 45.

2 Katha Upanishad, 2.39, zit. in: Swami Yatiswarananda: Meditation and Spiritual Life, Kalkutta 2011, S. 35 (eigene Übersetzung).

3 Katha Upanishad, Kap. 2.1; eigene Übersetzung aus der Übertragung ins Englische von Swami Nikhilananda: The Upanishads, Vol. I, New York 2003; S. 159.

4 Tao Te King, Vers 14; aus der Übertragung ins Englische von Jonathan Star: Tao Te Ching. The New Translation from Tao Te Ching: The Definitive Edition, New York 2008, S. 16 (eigene Übersetzung).

5 Foundation for „A Course in Miracles“ (Hg.): Ein Kurs in Wundern, Gutach i. Br. 2004, S. 175.

6 Integral Yoga Publications (Hg.): Satchidananda Sutras. Jewels from the Teachings of Sri Swami Satchidananda, Yogaville 2002, S. 62 (eigene Übersetzung).

7 Kanchi Sosan: Shinjinmei. Verse über den Glaubensgeist, Vers 1, Übersetzung und Kommentare von Taisen Deshimaru-Roshi, Heidelberg 2006, S. 10.

8 Sri Ramakrishna Math (Hg.): Paths of Meditation, Chennai, ohne Jahresangabe, S. 20 (eigene Übersetzung).

9 Rumi, ins Englische übertragen von Andrew Harvey, zit. in: Kabir Helminski (Hg.): The Rumi Collection. An Anthology of Translations of Mevlana Jalaluddin Rumi, Boston 2000, S. 14 (eigene Übersetzung).

10 The Chun Chou Record of the Zen Master Huang Po (Tuan Chi), Vers 1, aus der Übertragung ins Englische von: John Blofeld: The Zen Teaching of Huang Po, New York 1958, S. 29 (eigene Übersetzung).

11 Vgl. Neil Douglas-Klotz: The Hidden Gospel. Decoding the Spiritual Message of the Aramaic Jesus, Wheaton 1999, S. 197.

12 Sankhya Karika, Vers 55; in: Ralph Skuban: Die Psychologie des Yoga, München 2014, S. 260.

13 Mat 6,22 (englische King James Version), eigene Übersetzung.

14 Tao Te King, Vers 53; aus der Übertragung ins Englische von Jonathan Star: Tao Te Ching. The New Translation from Tao Te Ching: The Definitive Edition, New York 2008, S. 69 (eigene Übersetzung).

15 The Secret Book of James, in: Willis Barnstone and Marvin Meyer (Hg.): The Gnostic Bible. Revised Edition, Boston & London 2009, S. 362 (eigene Übersetzung).

16 The Secret Book of James, in: Willis Barnstone and Marvin Meyer (Hg.): The Gnostic Bible. Revised Edition, Boston & London 2009, S. 367 (eigene Übersetzung).

17 Bhagavad Gita, Kap. 4; aus der Übertragung von Ralph Skuban: Die Bhagavad Gita. Das Weisheitsbuch fürs 21. Jahrhundert, München 2013, S. 68.

18 Vgl. Kanchi Sosan: Shinjinmei. Verse über den Glaubensgeist, Vers 54, Übersetzung und Kommentare von Taisen Deshimaru-Roshi, Heidelberg 2006, S. 196.

19 Vgl. Neil Douglas-Klotz: Blessings of the Cosmos. Wisdom of the Heart from the Aramaic Words of Jesus, Boulder 2006, S. 4.

20 Yogasutra 1.45; aus der Übertragung von Ralph Skuban: Patanjalis Yogasutra. Der Königsweg zu einem weisen Leben, München 2011, S. 71.

21 Meister Eckhart: Mystische Schriften. Aus dem Mittelhochdeutschen übertragen und mit einem Nachwort versehen von Gustav Landauer, Frankfurt a. Main 1991, S. 179.

22 Sankhya Karika, Vers 33; aus der Übertragung von Ralph Skuban: Die Psychologie des Yoga, München 2014, S. 252.

23 Yogasutra 1.33; aus der Übertragung von Ralph Skuban: Patanjalis Yogasutra. Der Königsweg zu einem weisen Leben, München 2011, S. 63.

24 Heraklit: Fragmente. Griechisch und Deutsch, herausgegeben von Bruno Snell, Zürich und München 2007, S. 13.

25 Taisen Deshimaru-Roshi in seinem Kommentar zu Kanchi Sosans Shinjinmei. Verse über den Glaubensgeist, Heidelberg 2006, S. 127.

26 Sri Ramakrishna, The Gospel of Sri Ramakrishna, zit. in: Swami Yatiswarananda: Meditation and Spiritual Life, Kalkutta 2011, S. 12 (eigene Übersetzung).

27 Bhagavad Gita, Kap. 7; aus der Übertragung von Ralph Skuban: Die Bhagavad Gita. Das Weisheitsbuch fürs 21. Jahrhundert, München 2013, S. 97.

28 Tao Te King, Vers 52; aus der Übertragung ins Englische von Jonathan Star: Tao Te Ching. The New Translation from Tao Te Ching: The Definitive Edition, New York 2008, S. 68 (eigene Übersetzung).

29 Vgl. Neil Douglas-Klotz: The Hidden Gospel. Decoding the Spiritual Message of the Aramaic Jesus, Wheaton 1999, S. 195.

30 Tao Te King, Vers 46; aus der Übertragung ins Englische von Jonathan Star: Tao Te Ching. The New Translation from Tao Te Ching: The Definitive Edition, New York 2008, S. 61 (eigene Übersetzung).

31 Paramahansa Yogananda: The Second Coming of Christ. The Resurrection of the Christ Within You, Vol. I, Los Angeles 2004, S. 4 (eigene Übersetzung).

32 Bhagavad Gita, Kap. 7; aus der Übertragung von Ralph Skuban: Die Bhagavad Gita. Das Weisheitsbuch fürs 21. Jahrhundert, München 2013, S. 102.

33 Neil Douglas-Klotz: The Genesis Meditations. A Shared Practice of Peace for Christians, Jews, and Muslims, Wheaton 2003, S. 50 (eigene Übersetzung).

34 Erwin Schrödinger: Das arithmetische Paradoxon – Die Einheit des Bewusstseins, in: Hans-Peter Dürr (Hg.): Physik und Transzendenz. Die großen Physiker unserer Zeit über ihre Begegnung mit dem Wunderbaren, Driedinger-Verlag 2012, S. 114.

35 Tao Te King, Vers 1; aus der Übertragung ins Englische von Jonathan Star: Tao Te Ching. The New Translation from Tao Te Ching: The Definitive Edition, New York 2008, S. 2 (eigene Übersetzung).

36 Kabir, aus dem Englischen übertragen von Ralph Skuban: In diesem Gefäß erklingt das Ewige. Kabirs Yoga des Glücks. Poetische Texte des großen indischen Mystikers, Petersberg 2013, S. 10.

37 Das Kindheitsevangelium des Thomas, in: Alfred Schindler (Hg.): Apokryphen zum alten und neuen Testament, Zürich 1988, S. 443.

38 Das Kindheitsevangelium des Thomas, in: Alfred Schindler (Hg.): Apokryphen zum alten und neuen Testament, Zürich 1988, S. 445.

39 Das Kindheitsevangelium des Thomas, in: Alfred Schindler (Hg.): Apokryphen zum alten und neuen Testament, Zürich 1988, S. 445.

40 Jung, C.G.: Das Rote Buch. Liber Novus, Patmos-Verlag 2009, S. 233.

41 Zit. in P.D. Ouspensky: Der Vierte Weg, Saunsdorf 2013, S. 58f.

42 Eugene Fersen: Aphorisms of the Lightbearer, Sumas 2013, S. 110 (eigene Übersetzung).

43 Zit. in P.D. Ouspensky: Der Vierte Weg, Saunsdorf 2013, S. 59.

44 Jiddu Krishnamurti: Tausend Jahre an einem Tag. Briefe an einen Freund, Freiburg 2004, S. 82.

45 Vgl. Mt 24,27ff.

46 Meister Eckhart: Mystische Schriften. Aus dem Mittelhochdeutschen übertragen und mit einem Nachwort versehen von Gustav Landauer, Frankfurt a. Main 1991, S. 43.

47 Bhagavad Gita, Kap. 2; aus der Übertragung von Ralph Skuban: Die Bhagavad Gita. Das Weisheitsbuch fürs 21. Jahrhundert, München 2013, S. 44.

48 Anonymus: Das Buch über die mystische Kontemplation, genannt *Die Wolke des Nichtwissens,* Worin die Seele sich mit Gott vereint, übertragen von: Wolfgang Riehle, Freiburg im Brsg. 2007, S. 30.

49 Vgl. Neil Douglas-Klotz: The Hidden Gospel. Decoding the Spiritual Message of the Aramaic Jesus, Wheaton 1999, S. 193.

50 The Essene Gospel of Peace, Book Four: The Teachings of the Elect, Nelson 1981, S. 12 (eigene Übersetzung).

51 Vgl. Ralph Skuban: Patanjalis Yogasutra. Der Königsweg zu einem weisen Leben, München 2011, S. 125.

52 The Essene Gospel of Peace, Book Four: The Teachings of the Elect, Nelson 1981, S. 13 (eigene Übersetzung).

53 Meister Eckhart: Mystische Schriften. Aus dem Mittelhochdeutschen übertragen und mit einem Nachwort versehen von Gustav Landauer, Frankfurt a. Main 1991, S. 179.

54 Vgl. Mt 3,4.

55 Tao Te King, Vers 76; aus der Übertragung ins Englische von Jonathan Star: Tao Te Ching. The New Translation from Tao Te Ching: The Definitive Edition, New York 2008, S. 97 (eigene Übersetzung).

56 Mt 6, 24.

57 Swami Satchidananda: Satchidananda Sutras. Jewels from the Teachings of Sri Swami Satchidananda, Buckingham 2002, S. 12 (eigene Übersetzung).

58 The Essene Gospel of Peace, Book Four: The Teachings of the Elect, Nelson 1981, S. 29 (eigene Übersetzung).

59 The Essene Gospel of Peace, Book Four: The Teachings of the Elect, Nelson 1981, S. 29 (eigene Übersetzung).

60 The Essene Gospel of Peace, Book Four: The Teachings of the Elect, Nelson 1981, S. 29 (eigene Übersetzung).

61 Tao Te King, Vers 1; aus der Übertragung ins Englische von Jonathan Star: Tao Te Ching. The New Translation from Tao Te Ching: The Definitive Edition, New York 2008, S. 1 (eigene Übersetzung).

62 Tao Te King, Vers 26; aus der Übertragung ins Englische von Jonathan Star: Tao Te Ching. The New Translation from Tao Te Ching: The Definitive Edition, New York 2008, S. 33 (eigene Übersetzung).

63 Swami Siddhinathananda: Meditation According to the Bhagavata, in: Sri Ramakrishna Math (Hg.): Paths of Meditation, Chennai, ohne Jahresangabe, S. 23 (eigene Übersetzung).

64 Shodoka, Vers 22; aus der Übersetzung von Taisen Deshimaru-Roshi: Shodoka. Satori – Hier und Jetzt, Heidelberg 2006, S. 94.

65 Hekiganroku, 32. Fall; aus der Übertragung von: Yamada Koum Roshi:

Die Niederschrift vom blauen Fels, Hekiganroku, Band 1, ins Deutsche übertragen und herausgegeben von Peter Lengsfeld, München 2002, S. 340.

66 Meister Eckhart: Mystische Schriften. Aus dem Mittelhochdeutschen übertragen und mit einem Nachwort versehen von Gustav Landauer, Frankfurt a. Main 1991, S. 21.

67 Vgl. Waldo Vieira: Projections of the Consciousness. A Diary of Out-of-Body-Experiences, New York 2007, S. 228.

68 Ein Kurs in Wundern, Übungsbuch, Lektion 127, S. 230.

69 Yogasutra 2,22; aus der Übertragung von Ralph Skuban: Patanjalis Yogasutra. Der Königsweg zu einem weisen Leben, München 2011, S. 284.

70 Yogasutra 2,10; aus der Übertragung von Ralph Skuban: Patanjalis Yogasutra. Der Königsweg zu einem weisen Leben, München 2011, S. 282.

71 Yogasutra 2,5; aus der Übertragung von Ralph Skuban: Patanjalis Yogasutra. Der Königsweg zu einem weisen Leben, München 2011, S. 88.

72 Vgl. Neil Douglas-Klotz: The Hidden Gospel. Decoding the Spiritual Message of the Aramaic Jesus, Wheaton 1999, S. 121f.

73 Yogasutra 2,33–43; aus der Übertragung von Ralph Skuban: Patanjalis Yogasutra. Der Königsweg zu einem weisen Leben, München 2011, S. 132.

74 Vgl. The Gospel of Thomas, in: Willis Barnstone and Marvin Meyer (Hg.): The Gnostic Bible. Revised Edition, Boston & London 2009, S. 58, (Fn. 40).

75 Vivekananda, Swami: The Complete Works of Swami Vivekananda, Vol I., 30. Nachdruck, Kalkutta 2012, S. 27 (eigene Übersetzung).

76 Swami Yatiswarananda: Meditation and Spiritual Life, Kalkutta 2011, S. 7 (eigene Übersetzung).

77 Eigene Übersetzung aus der King-James-Version, Sprüche 23,7: „For as he thinketh in his heart, so *is* he."

78 Yoga Vasistha VI, 2,137, aus der Übertragung ins Englische von: Swami Venkatesananda: Vasistha's Yoga, New York 1993, S. 627 (eigene Übersetzung).

79 Zhuangzi: Über die Gleichheit der Dinge, Kap. 2; aus der Übertragung von Victor H. Mair: Zhuangzi. Das Buch der Spontaneität. Über den Nutzen der Nutzlosigkeit und die Kultur der Langsamkeit. Das klassische Buch daoistischer Weisheit, herausgegeben von: Victor H. Mair, Aitrang 2008, S. 2008, S. 52.

80 Jung, C.G.: Das Rote Buch. Liber Novus, Patmos-Verlag 2009, S. 235.

81 Vgl. Yogasutra 1,21–22.

82 Anonymus: Das Buch über die mystische Kontemplation, genannt *Die Wolke des Nichtwissens,* Worin die Seele sich mit Gott vereint, Kapitel 2, übertragen von: Wolfgang Riehle, Freiburg im Brsg. 2007, S. 35.

83 Jung, C.G.: Das Rote Buch. Liber Novus, Patmos-Verlag 2009, S. 238.

84 Bhagavadgita, Kap. 10, aus der Übertragung von Ralph Skuban: Die Bhagavad Gita. Das Weisheitsbuch fürs 21. Jahrhundert, München 2013, S. 121–123.

85 Tao Te King, Vers 8; aus der Übertragung ins Englische von Jonathan Star: Tao Te Ching. The New Translation from Tao Te Ching: The Definitive Edition, New York 2008, S. 9 (eigene Übersetzung).

86 The Essene Gospel of Peace, Book Four. The Teachings of the Elect, übersetzt und herausgegeben von Edmond Bordeaux Szekely, Nelson 1981, S. 24 (eigene Übersetzung).

87 Tao Te King, Vers 34; aus der Übertragung ins Englische von Jonathan Star: Tao Te Ching. The New Translation from Tao Te Ching: The Definitive Edition, New York 2008, S. 45 (eigene Übersetzung).

88 Charles W. Hedrick und Paul Mirecki: The Gospel of the Savior: A New Ancient Gospel (California Classical Library), Polebridge Press 1999, zit. in: Willis Barnstone and Marvin Meyer (Hg.): The Gnostic Bible. Revised Edition, Boston & London 2009, S. 64, Fn. 51 (eigene Übersetzung).

89 Anonymus: Das Buch über die mystische Kontemplation, genannt *Die Wolke des Nichtwissens,* Worin die Seele sich mit Gott vereint, Kapitel 2, übertragen von: Wolfgang Riehle, Freiburg im Brsg. 2007, S. 37.

90 Anonymus: Das Buch über die mystische Kontemplation, genannt *Die Wolke des Nichtwissens,* Worin die Seele sich mit Gott vereint, Kapitel 2, übertragen von: Wolfgang Riehle, Freiburg im Brsg. 2007, S. 45.

91 Bhagavad Gita, Kap. 6; aus der Übertragung von Ralph Skuban: Die Bhagavad Gita. Das Weisheitsbuch fürs 21. Jahrhundert, München 2013, S. 92.

92 Vgl. hierzu z. B. Robert Alter: Genesis. Translation and Commentary, New York 1996, S. 5, Fn. 26.

93 William Wordsworth, zit. in: Swami Yatiswarananda: Meditation and Spiritual Life, Kalkutta 2011, S. 3 (eigene Übersetzung).

94 Vgl. Swami Yatiswarananda: Meditation and Spiritual Life, Kalkutta 2011, S. 23.

95 Swami Yatiswarananda: Meditation and Spiritual Life, Kalkutta 2011, S. 5 (eigene Übersetzung).

96 Yogasutra 2,9; aus der Übertragung von Ralph Skuban: Patanjalis Yogasutra. Der Königsweg zu einem weisen Leben, München 2011, S. 282.

97 Tao Te King, Vers 11; aus der Übertragung ins Englische von Jonathan Star: Tao Te Ching. The New Translation from Tao Te Ching: The Definitive Edition, New York 2008, S. 13 (eigene Übersetzung).

98 Robert Adams: Stille des Herzens. Dialoge mit Robert Adams, Band 2, Bielefeld 2009, S. 18.

99 Tao Te King, Vers 5; aus der Übertragung ins Englische von Jonathan Star: Tao Te Ching. The New Translation from Tao Te Ching: The Definitive Edition, New York 2008, S. 6 (eigene Übersetzung).

100 Platon, zit. in: S. E. Frost: The Basic Teachings of the Great Philosophers, New York 1942, S. 174f. (eigene Übersetzung).

101 Robert Adams: Stille des Herzens. Dialoge mit Robert Adams, Band 2, Bielefeld 2009, S. 26.

Ralph Skuban
DER ENERGIEKÖRPER
Die Aktivierung der
feinstofflichen Kraftfelder

Ralph Skuban ist ein exzellenter Kenner der östlichen Weisheitstradition. Er verknüpft in diesem Buch das alte Wissen des Yoga mit den Erkenntnissen westlicher Psychologie und moderner geisteswissenschaftlicher Forschung! Die feinstofflichen Energien liefern die Grundlagen für das menschliche Befinden. Wenn die Kraftfelder des Menschen harmonisch schwingen, wird der Einzelne voller Vitalität durch das Leben gehen. Um einen solchen Zustand herbeizuführen, liefert dieses Buch zahlreiche Übungen und Meditationsschritte, die es auf leichte Weise ermöglichen, den eigenen Energiehaushalt zu stärken und auszubauen. Vor allem Skubans Beschreibungen der Chakras und ihre Bedeutung für bestimmte seelisch-körperliche Prozesse stellen einen völlig neuen Zugang zu den Kraftquellen des menschlichen Körpers dar! Ein hilfreicher und mühelos anwendbarer Ratgeber, um das persönliche Energiefeld zu stärken und mit neuer Vitalität zu erfüllen!

Haradcover
(ISBN 978-3-89427-660-7)